_____ 에게

전하고 싶은 밤

너에게
전하는
밤

너에게
전하는
밤

작가의 말

우리는 생각해 볼 필요가 있습니다.
오늘을 살아가고 있는 것인지,
아니면 살아 내고 있는 것인지.

만일, 살아 내고 있다는 문장에서
울컥하는 감정이 차오른다면
지금 많이 힘든 건지도 모르겠습니다.

겨울의 정점에서

채민성

차례

작가의 말 004

1부
향은 저마다 특정한 추억을 품는다 012
여린 마음 014
애초에 없었거나, 이미 정해져 있었거나 015
신중 017
어떤 이의 마지막 장면 018
억지 믿음 021
마음의 한계 022
한때 023
여전히 필요한 것들 024
인정 029
앞선 걱정 030
그럼에도 여전히 031
방황 033
상인역 1호선 034
우연의 집합 036
사랑을 시들게 하는 것들은 사랑으로부터 올 때가 많다 037
서툰 진심 039
새하얀 밤 040
아주 가끔 042
괜찮지만, 괜찮지 않은 043
아픈 사람들 046
나름의 이유 047
당신의 문장을 읽고 싶다 048
어쩌면 우리도 051
내일보다는 오늘에 052
바다 같은 사람 053
지난 바람 055
뜻밖의 복병 056
자세 059
포기 060

어느 겨울밤 061
봄이 지나간 자리 063
지난 메시지 064

2부
외로움에는 정답이 없다는 것 074
외로움 076
어떤 이별 077
지난 기억 078
4월의 밤 079
짙은 어둠 속, 한 줄기의 빛 080
행복의 기준 083
믿음의 차이 084
지금, 사랑할 수 있다면 085
길을 잃었다는 건 새로운 길을 걸을 수 있다는 것 087
어긋난 각본 090
사람의 마음에는 바다처럼 일렁이는 파도가 있다 091
겸손과 배려 094
선 095
빛의 모순 096
결국에는 잊힐 것이란 것 097
놓아줄 용기 099
익숙한 형상 100
상실의 계절 101
어느 봄날 102
어제의 흔적 103
여전히 어린아이이기에 105
상실의 밤 108
거리 109
익숙함은 늘, 뒤늦은 후회를 수반한다 110
6월의 정동진에서 114
늦은 후회 115

3부

어느 밤의 편지 118
그것도 모르고서 120
얼룩 121
그리움 122
우리는 의도 없이 상처를 주고받고 있다 123
또다시 125
꽃 126
차가운 운명 128
추억이 지나간 자리에는 틈틈이 감정의 여진이 발생한다 129
이별행 131
전조 현상 132
다시 보고 싶은 영화 133
세상의 온도는 때로, 나의 시선에 따라 달라지기도 했다 135
의미 부여 138
우리가 사는 세상 139
작년, 이맘때쯤 140
아쉬워하지 않을 만큼만 141
결코 당연하지 않음을 143
한철 145
나 같은 사람 146
아물어 버린 상처는 때로, 나를 강하게 만들어 주곤 했다 147
마음속 깊이 각인된 문장들 149
한계 152
억지웃음 153
회상 154
마지막 157
희망 158
끝인사 159

4부

우리에게는 저마다 선명한 고유의 색이 있다 162
삶 165
시각의 차이 166

미련을 부정하는 일 167
경력 169
흔들리는 거짓 170
조각 171
일회용 172
괜찮다, 괜찮을 거야 175
넘어짐 177
나아감 178
경계를 허물다 179
틀린 게 아닌, 다른 것임을 180
색의 조화 183
낭만 184
익숙하지만, 한편으로는 낯선 185
어긋난 타이밍 188
감정 189
재회 190
작은 불씨 192
미련 193
온기 194
여태 잘해 왔고, 지금도 잘하고 있다는 것 195
인연 197
오래된 편지 198
운명 200
간절함 201
잊는 방법 202
영영 수신되지 않을 편지 203
산다는 게 206
한 가장의 죽음 208
지난 사랑 210
잃어버린 기억 212
7월의 어느 밤바다에서 214
다음 인연 215
마침표 216
후회한다는 건 그만큼 성장했다는 뜻이라고 218

1부

익숙했던 것들도 결국에는 시간 앞에 낯선 것들로 돌아가고 있었다. 낯섦과 익숙함의 반복 우리는 결국 이것에 익숙해져야만 했다.

향은 저마다
특정한 추억을 품는다

그녀는 은은한 복숭아 향을 곁에 두르고 다녔다. 너무 독하지도, 그렇다고 너무 연하지도 않은 정도의 향을. 또 조금은 달달해서 포옹을 유발해 버리는 향을. 향에 대한 별다른 개념이 없었던 나로서는 그때부터 향이란 걸 자연스레 곁에 두게 되었던 것 같다.

어느 날은 고된 일과를 끝내고서 그녀와 진득한 포옹을 나눌 때였다. 나는 오랜 시간이 지나서도 그때의 느낌을 여전히 잊을 수 없다. 지쳐 눅눅해져 버린 몸을 부드럽게 포개고서, 두 팔 사이로 그녀를 꼭 끌어안았을 때, 그녀의 머리맡에서 코끝으로 은은하게 퍼져 오던 그 달달하고도 포근한 향을. 또 그 향과 그녀의 체향이 적절히 섞이기라도 하는 날이면, 그녀를 꼭 끌어안고서 한참을 놓아주지 않았던 기억이 있다.

그녀와 갈라선 후로, 종종 거리를 거닐다 찰나의 순간에 그 향을 맡기도 한다. 애석하게도, 누구나 좋아할 법한 흔하디흔한 향이라 코끝을 자주 스친다. 그럴 때면 늘 어렴풋한 장면이 머릿속에 펼쳐진다. 그 향을 처음 맡았던 풋풋했던 우리의 처음이. 수줍은 마음으로 다정한 단어들을 조심스레 꺼내던 우리의 모습이. 혹은 조금은 아파했던 날들이.

아마도 향은 저마다 특정한 기억을 품고 있는 것인지도 모르겠다. 그녀의 향이 그러했듯이. 그렇다면 나는 앞으로 얼마나 많은 향에 얼마나 많은 추억을 품게 될까. 또 얼마나 많은 향을 그리워하게 될까. 아니면 혹시 다시금 그때의 향에 추억을 이어 갈 수 있는 날이 찾아올까. 갈 곳을 잃은 생각들이 괜스레 마음을 어지럽히는 밤이다.

어떤 향은 때로 짙은 추억을 머금는다.

여린 마음 ─────────────

상처를 준 사람은 의도가 없었고
상처를 받은 사람은 죄가 없었다.
그렇게 의도 없이 불어온 바람에
누군가는 한없이 흔들리고 있었다.

애초에 없었거나,
이미 정해져 있었거나

오늘은 밤공기가 좋다는 핑계로 집을 나섰다. 너무 얇지도 그렇다고 두껍지도 않은 외투를 하나 걸치고서. 주황빛 가로등이 은은히 밝히는 밤거리를 혼자 거닐었다.

살다 보면 몇 가지의 고민들이 머릿속을 어지럽히는 밤이 있다. 방향을 잃어버려 한참을 고민하게 되는 밤이. 나는 그런 밤이면 이불을 덮고서 생각에 잠기기보다는 주로 산책에 나서는 편이다. 인적이 아예 없지도, 그렇다고 많지도 않은 길을 따라 무작정 걸어 본다. 그리고서 생각에 빠진다. 그러면 왠지 조금은 덜 답답한 기분이 든다. 시원한 밤공기가 고민을 식혀 주는 느낌이랄까. 벅차게 달아오른 마음에 밤공기가 조금의 안정제 역할을 해 주는 것 같다.

예전에는 이런저런 고민들이 밤을 집어삼킬 때면 한참을 헤매었던 것 같다. 정답이 무엇일까 고민하며 숱한 밤을 지새웠던 것 같다. 그런데 요즘에는 이야기가 조금 다르다. 굳이 생각을 정리하려 애를 쓰지 않는다. 그저 생각나는 것들을 온전히 펼치고 그대로 생각한다. 그리고 결론을 내리지 않는다. 그러니까 정답을 찾으려 발버둥 치지 않는다는 것이다. 그저 떠오르는 대로 생각만 할 뿐.

이유는 단순하다. 늦은 밤에 찾아오는 그런 고민들은 대개 애초부터 정답이 없거나, 정답이 이미 정해져 있는 것들이었기 때문이다.

신중

정답이 정해져 있는 고민이 많다.
그래도 내가 할 수 있는 최선이라곤
이 밤을 지새우며 신중하고
또 신중해지는 것뿐이라서.

어떤 이의
마지막 장면 ───────────

그녀는 노을 지는 장면을 무척 좋아한다 했다. 일주일에 한두 번은 꼭 해가 저무는 시간에 찾아가, 맥주 한 캔을 손에 쥐고서, 지는 노을을 바라보며 나름의 낭만을 즐긴다 했다. 생각이 자주 무거워질 때면 자주 그곳으로 향한다 했고, 또 그 아래서 종종 시를 쓰기도 한다 했다. 훗날, 함께 보고 싶은 사람이 생긴다면 어디가 좋겠냐는 나의 물음에, 내가 사는 곳 근처에는 아양교 근방이 최고라는 말도 보태 주었다.

글이 유난히 써지지 않는 시기가 있다. 글감을 아무리 부여잡고 애써 봐도 도무지 풀어지지 않는 시기가. 그 시기에는 글이라는 테두리에서 벗어나 잠시 내려놓고 다른 무언가를 찾는 편이지만, 이번만큼은 그러지 못했다. 약속된 출간 일이 제법 가까이 다가왔기 때문이었다. 취미로 쓸 때는 그렇게나 잘 써지던 게, 계약서에 서명한 후로는 줄곧 어렵고 무겁게만 느껴졌다. 취미가 일이 된다는 건 마냥 설레는 것만은 아니라는 생각이 들었다. 그렇게 한참을 책상에서 혼자 씨름할 무렵, 문득 그녀의 말이 떠올랐다. 지는 노을을 바라보며 나름의 낭만을 즐긴다는, 그 아래서 종종 시를 쓰기도 한다던 그녀의 말이. 나는 곧장 자리를 정리하고 그곳으로 향했다.

역에서 내려 곧장 그녀가 말했던 곳으로 걸음을 옮겼다. 사람은 그다지 많지도, 적지도 않은 듯 했다. 그녀가 말한 장소를 찾지 못한다면 어찌하지 라는 고민도 더는 하지 않을 수 있었다. 하늘은 어느 곳에서 누구나 노을을 만끽할 수 있도록 붉은 얼굴을 훤히 드러내고 있었다. 그녀가 자주 찾아오는 이유를 알 것만 같은 순간이었다.
나는 그런 하늘을 유심히 바라보며 한참 동안 길을 거닐었다. 그렇게 일몰이 끝날 때까지 한시도 하늘에서 눈을 떼지 못하는 상황이 이어졌다.

그날 저녁,
지는 노을은 그 무엇보다도 아름다웠으나
끝내,
아무런 말이 없었다.

억지 믿음

마침표를 보고서
쉼표라 믿고 싶었다.

우연을 보고서
운명이라 믿고 싶었듯이.

마음의 한계

머무르지 못한 것들은
그 누구의 탓도 할 수 없었다.
속절없이 흐르는 시간 앞에
그저 마음이 거기까지였을 뿐.

한때

사랑이 삶의 전부는 아닐 수 있다.
하지만 분명한 건
전부인 시절은 있었다는 것이다.

여전히 필요한 것들 ───────

꿈을 자주 꾸는 편이다. 최근 한 달만 하더라도 하루도 빠짐없이 꿈을 꿨을 정도로 많이 꾼다. 어디선가 주워들은 정보에 의하면 꿈을 꾼다는 것은 깊게 잠들지 못하는 것이라고도 한다. 그 때문인지 요즘에는 자도자도 늘 잠이 부족하다.

나는 잠에 들 때 노래를 켜 놓고 눈을 감는 버릇이 있다. 꿈이 음악 쪽이기도 하고, 또 그만큼 음악을 좋아하기에 매번 곁에 달고 산다. 그런데 언제부턴가 노래를 켜야만 편히 잠에 들 수 있는 이유가 생겼다. 눈만 감으면 시작되는 지긋지긋한 악몽 때문이었다.

무슨 이유에서인지 수개월째 잦은 가위에 시달리고 있다. 그것도 늘 같은 패턴으로 말이다. 초기에는 어떻게든 가위에 벗어나려 여러 시도를 해 보았다. 어머니께서 적어 주신 악귀를 물리치는 어떤 문장들을 몇 번이나 읊고서 잠에 들기도 해 봤고, 몸이 피로하면 가위에 눌린다는 혹자의 말을 믿고서 최대한 피로하지 않은 상태로 잠에 들기도 해 봤다. 그러나 소용이 없었다. 눈만 감으면 여전히 같은 악몽에 시달렸다. 그렇게 수개월을 방황하다 찾게 된 방법이 하나 있었는데, 그게 바로 노래였다. 노래를 켜 놓고 잠에 들면 신기하게도 가위를 피할 수 있었다. 그 이유가 무엇인지는 모르겠으나, 그런 날에는 남들과 다름없는 여느 평범한 꿈을 꿀 수 있었다.

저마다 눌려 본 가위의 형태는 다르겠지만, 나의 경우는 이렇다. 눈을 감고 눈꺼풀이 무거워질 때쯤, 싸한 기운과 함께 온몸이 무겁게 눌리는 현상이 발생한다. 그리고 이내 정신이 어딘가로 깊숙이 빨려 들어간다. 그제야 나는 눈을 뜨게 되고, 동시에 그때부터는 몸을 전혀 움직일 수 없게 된다. 뜬눈으로 모든 상황을 지켜보아야 하는 것이다. 실제로 눈을 뜬 것은 아니지만, 꿈에서만큼은 실제처럼 느껴진다. 꿈속에서의 풍경이 잠들기 전의 풍경과 매우 흡사하기 때문이다.

사실상 처음에는 귀신 같은 형상들이 보이지 않는다. 곁에 무언가가 노려보는 듯한 소름 끼칠 정도의 보이지 않는 두려움이 나를 집어삼킬 뿐이다. 그러다 이런저런 두려운 생각이 두터워질 때쯤이면 어김없이 그것들이 등장해 나를 괴롭힌다.

어느 날은 가위에 시달릴 때, 꿈속이라는 걸 알아챈 적이 있었다. 그날, 나는 새로운 시도를 해 보기로 마음먹었다.

첫 번째는 몸을 움직이는 방법이었다. 온몸에 힘을 잔뜩 주어 보아도 그곳에서는 손가락 하나 까딱할 수가 없었다. 당시에는 꿈이란 걸 인지했던 상황인지라 두려움이 훨씬 적은 상태였다. 몸에 힘을 풀고서 팔을 들어 올리는 생각을 해 보기로 했다. 그러자 거짓말처럼 팔이 움직여졌다. 빠르게는 아니었지만, 천천히 내가 원하던 액션을 취할 수 있었다.

두 번째는 상상이었다. 흔히들 아는 사실처럼 꿈속에서는 상상하는 대로 이루어질 수 있다. 내가 있는 곳이 딱딱한 콘크리트 바닥이라면, 그곳을 해변가로 만들 수 있고, 간절히 그리운 사람을 눈앞으로 불러낼 수도 있다. 그러나 가위에 눌릴 때만큼은 그러지 못했다. 어떤 생각을 해도 상황은 여전히 변치 않았다.

다만, 한 가지 변하는 건 있었다. 무서운 생각으로 인해 일어나는 현상이다. 가위에 눌릴 때는 특유의 소름 끼치는 두려움 때문에 온갖 무서운 생각들을 끌어모아 하게 된다. 몇 달 전 공포 영화에서 봤던 귀신의 형상이라든지, 머릿속에 남아 있는 두려운 장면들이 여럿 떠오른다. 아니나 다를까, 그런 생각들이 머릿속에 가득해질 때쯤 나는 떠오른 형상에게 괴롭힘을 당해 잠에서 깨어났다.

나는 그날 이후로 나름의 요령을 터득했다. 또 수개월째 반복되다 보니 요즘에는 가위에 눌릴 때 내가 꿈속이라는 걸 매번 인지하는 편이다. 피하지 못하는 건 여전하지만, 그래도 이제는 큰 문제없이 지나보낼 수 있게 되었다.

방법은 다음과 같다. 가위에 눌렸을 때는 몸에 힘을 주지 않고 빼는 것이다. 그리고 두려운 생각들이 머릿속에 자꾸만 맴돌 때, 그것들을 최대한 가라앉히는 것이다. 두려운 상황이 닥쳤을 때 힘을 빼고, 떠오르는 걱정들을 억누르는 것만큼 어려운 일은 없을 것이다. 하지만, 그것만이 최선이라는 것은 분명했다.

오늘 밤도 눈을 감기 전에 생각한다.
첫째, 괜히 힘주지 말고 뺄 것.
둘째, 필요 없는 걱정들은 최대한 내려놓을 것.

꿈에서나 현실에서나
여전히 어렵지만,
여전히 필요한 것들이다.

인정

더는 부정하지 않기로 했다.
사막 한가운데서 갑작스레 맞이한 소나기에는
피할 여지없이 흠뻑 젖어 버리는 것처럼
피할 수 없는 것들에
더는 발버둥 치지 않기로 했다.

앞선 걱정

따져 보면 그렇다.
지금 내 어깨를 짓누르고 있는 것들은
아직 일어나지도 않은 일들이 대부분이다.

그럼에도 여전히

놓쳐 버린 것들에 대해 생각해 본다. 한때 사랑했던 이의 시선과 그 시선이 닿았던 풍경에 대해. 어머니의 지난 미소 뒤, 남몰래 흘러내린 눈물에 대해. 오랜만에 방문한 자식들이 반가워 냉장고의 음식을 잔뜩 끌어모아다 내어 주시고선, 저녁이 되면 어렴풋이 떠나는 그 뒷모습을 쓸쓸히 바라보시던 할머니의 모습에 대해. 출근길에 무심코 지나친 저마다 아름다운 삶의 풍경에 대해. 퇴근길에 놓쳐 버린 밤하늘의 풍경에 대해.

나의 삶에는 놓쳐 버린 것들이 무수히 많다. 돌이켜 보면 그것들은 내가 주위를 잠시라도 살폈더라면 놓치지 않았을 것이 대부분이다.

그때, 그녀의 눈을 마주하기보다는 그녀의 시선을 함께 바라봤어야 했는데. 크게 소리치고 문을 쾅 닫고 나가 버리던 날, 일찍이 들어가 어머니의 눈물을 닦아 드렸어야 했는데, 오랜만에 찾아간 할머니 댁에서 떠날 때쯤 한 번 더 뒤를 돌아봤어야 했는데, 출근길에 마주한 어떤 풍경에서도 큰 힘을 얻을 수 있었는데, 퇴근길에 펼쳐진 밤하늘의 별을 바라보며 조금의 위안을 얻을 수도 있었을 텐데.

여전히 놓치며 후회하며 살아간다. 그리고 한편으로는 또 걱정한다. 이렇게 과거를 돌아보는 순간에도 어떤 것들을 놓치고 있지는 않을지. 소중한 사람들의 웃음 뒤에 숨겨진 눈물을 나만 모르고 있는 것은 아닌지. 혹은 외면하고 있는 것이 아닌지.

우리는 여전히
많은 것을 놓치는 중인지도 모른다.

방황

시간이 흐른다는 것은 그랬다.
떠날 곳은 많아져도
돌아갈 곳은 적어진다는 것.

상인역 1호선 ———————

며칠 전, 급히 갈 곳이 있어 지하철에 몸을 실었다. 평소에도 대중교통을 이용할 때 앉아 있기보다 주로 서 있는 편이다. 그렇기에 그날도 어김없이 그랬던 것 같다. 몸을 실은 지 10분쯤 지났을까, 오랜 세월을 가늠하게 하는 백발의 노부부가 열리는 문 사이로 들어왔다. 마침 그들을 위한 좌석은 비워져 있었고, 그들은 그곳으로 천천히 걸음을 옮겼다. 나는 그 과정을 천천히 지켜봤다.

흐뭇함을 속으로 감출 수 없었다. 노부부는 서로 깍지를 끼고 있었고, 남자는 여자의 손을 꼭 맞잡고서 걸음의 속도를 맞춰 주는 듯했다. 그렇게 함께 좌석으로 향한 다음 여자가 앉는 것을 보고서야, 옅은 미소를 지으며 옆자리에 앉았다. 앉을 때 무슨 말을 건네며 앉은 것 같았는데, 입모양으로 볼 때 "이제 나도 앉을게요."라는 말이 아닐까 싶었다. 당시 신기하게도 나의 이어폰에서는 잔잔한 사랑 노래가 작게 흘러 나오고 있었다. 노래와 조화를 이룬 눈앞의 오붓한 장면은 마치 드라마의 한 장면을 연상하게 했다.

언제부턴가 노부부들의 다정한 장면을 보면 왠지 모르게 흐뭇해졌다. 그저 나란히 걷는 모습만 봐도 괜스레 기분이 좋아진다. 정확한 이유는 모르겠지만, 추정해 볼 때 아마 오랜 세월이 지나도 흔들리지 않은 사랑을 엿볼 수 있어서가 아닐까 싶다. 그들이 겪어 온 세월과 사랑의 과정을 나는 전혀 알 수 없겠지만, 내가 본 장면의 단면적인 부분으로는 그렇게 보이기 때문이다. 오랜 세월을 보냈음에도, 이마에 주름이 제법 늘었더라도, 서로를 사랑하는 마음은 한결같아 보인다. 그런 그들을 볼 때면 절로 나도 행복해진다. 그리고 늘 이런 생각을 하게 된다.

'진정한 사랑의 낭만은 이마의 주름을 함께 늘려 가는 것이 아닐까?'

우연의 집합 ───────────

노트를 꺼내 펼치고서는
우연이 성립되기 위한 요소를 적었다.
시간, 날씨, 위치, 행동…
모두 쓰고서는
어느새, 우연을 운명이라 읽고 있었다.

사랑을 시들게 하는 것들은 사랑으로부터 올 때가 많다

누군가를 사랑할 때만 생기는 독특한 현상이 하나 있다. 속이 무척 좁아지는 것이다. 아마 많은 사람이 그렇겠지만, 나는 유독 심한 것 같다는 생각을 자주 한다. 평소에는 쿨한 사람이 그렇게나 좋다며 외치고 다녔음에도, 정작 그런 사람을 만나면 사소한 행동에 혼자 생각이 많아진다. 평소에는 쓰디쓴 말도 아무렇지 않게 흘려보내던 사람이 미지근한 한마디에도 괜한 의미를 부여하고서 혼자 섭섭해 한다.

이 현상은 무서운 점이 없지 않아 있다. 스스로 제조한 생각에, 스스로 꼬리를 물어 버리고, 심한 경우에는 스스로 단정을 짓기도 한다는 것이다. 그렇게 초래한 결과는 대개 밝기보다는 어두울 때가 많다.
상대가 아무렇지 않게 지나친 부분에서 내가 고작 이 정도의 사람인가 하는 예민한 반응을 보이게 된다. 하지만, 그 내용은 지극히 소소한 부분이라 이야기를 꺼내기 쉽지 않다. 마음 어딘가에 꽁꽁 숨기게 된다. 나만 속 좁아 보일까 봐 하는 마음에서 참게 되는 것이다. 그런 현상이 지속되면 때로는 판단해 버리는 비극이 탄생하기도 한다. 상처를 최소화하기 위해, 스스로 보호하기 위해 결론을 내려 버리는 셈이다.

아마 연인들의 멀어짐이 대부분 이 과정에서 오는 게 아닐까 싶다. 나도 한때 그랬으니까. 지나고 보면 아무것도 아닌 일인데, 당시에는 왜 그렇게 속이 좁았는지 모르겠는 일 투성이다.

앞으로도 이 현상은 여전할 것이다. 아무리 억누르고자 해도 사랑이라는 두 글자 앞에서는 자꾸만 솟아오를 것이다. 그럴 때마다 나는 순간의 감정으로 인해 관계에 금이 가지 않도록 불필요한 생각을 최대한 자제하려 한다. 대화로 풀 수 있는 것들은 최대한 부드러운 말투로 이어 보려 한다. 알고 보면 그런 감정들은 대개 사랑하기 때문에 생겨나는 것들이기 때문이다. 지나고 보면 분명 그땐 그랬었지 하며 웃음 지을 사유인 것들이 많다. 그리고 무엇보다, 사랑으로 인해 피어난 감정들로 사랑을 시들게 하는 것만큼 바보 같은 일은 없을 테니까.

서툰 진심

서툴수록 확실해지는 게 있다.
이를테면 사랑이라던가.

새하얀 밤

언젠가 새하얀 밤을 보낸 적이 있다. 짧은 입맞춤으로 시작해 두 몸을 하나로 포개는 그런 밤을. 사람들은 흔히 뜨거운 밤이라 부르기도 하던데, 나는 새하얗다는 표현을 빌리고 싶다. 뜨겁다 못 해 새하얗게 불태웠던 밤이었으니.

그날의 우리는 술을 적지 않게 먹었다. 평소에는 부끄러워 꺼내지도 못 하던 수줍은 단어들까지 꺼내 가면서 취기를 한껏 즐기고 있었다. 술을 섞어 먹으면 빨리 취한다는 말이 사실인 건지, 아니면 유독 분위기를 타는 날이었던 건지, 우리는 제법 빨리 취하고 있었다.

우리는 술을 먹을 때면 어김없이 꺼내는 버릇이 하나 있었다. 바로 함께할 미래를 그려 가는 것. 그러니까 서로의 부재라고는 상상조차 못 하던 시절에, 앞으로 우리가 함께 거닐 곳들의 낭만을 미리 펼쳐 보는 일이었다. 다음 달에는 어디로 함께 떠나 보자거나, 또 몇 년 뒤에는 우리가 어떤 모습으로 사랑을 나누고 있을지를 상상해 보는, 지극히 단조롭고 소소한 이야기를 말이다. 그렇게 제법 설레는 낭만을 한껏 그려 보고서, 꽤 올라온 취기에 우리는 자리를 정리하고 집으로 향했다.

그날 밤은 유독 씻기가 싫었다. 정확히는 씻는 시간을 기다리기 싫었던 게 이유였을 것이다. 취기를 핑계로 당신을 흠뻑 삼켜 버리고 싶었으니까. 마침 당신도 그러했던 것인지 우리는 신발을 벗고 곧바로 침실로 향했다. 그리고선 불도 켜지 않은 채로, 두 몸을 침대 위로 내던졌다. 몸을 감싸 주던 두 겹 정도의 옷이 바닥에 던져지고, 우리는 때로는 부드럽게, 때로는 거칠게 서로를 삼키고 또 삼켜 냈다.

나는 아직도 종종 그날 밤을 떠올린다. 단순히 새하얗게 불태운 밤이라기보다는 처음으로 서로의 감각 하나하나가 미세하게 포개어진 것 같던 밤이라서. 아무것도 보이지 않을 것만 같던 시커먼 어둠 속에서도 새빨갛던 서로의 모습이 거짓말처럼 보이던 밤이라서. 그렇게 나는 당신이, 당신은 더 내가 된 것만 같던 밤이라서.

아주 가끔

가끔 당신이 그리울 때가 있다.
그 가끔이 오늘일 뿐이고.

괜찮지만, 괜찮지 않은

그럴 때가 있다. 괜찮다며 웃음 짓는 사람의 표정이 울고 있는 것 같을 때가. 괜찮다는 말이 전혀 괜찮지 않아 보일 때가.

주말에 친구 녀석으로부터 한 통의 전화가 왔다. 오랜만에 술이나 한잔하자고. 전화기 너머로 들리는 풀 죽은 목소리에 나는 대충 눈치챌 수 있었다. 곧바로 술집으로 걸음을 옮겼다.

몇 잔의 술이 오고 갈 때였다. 처음에는 간간이 옅은 미소를 짓던 녀석의 표정이 점점 흐려지기 시작했다. 입꼬리는 언제부턴가 계속 내려가 있었고, 뭔가를 깊이 고민하기보다는 안 좋은 일이 이미 생겨 버린 것 같았다. 처음부터 대충 예상은 하고 있던 터였지만, 물음을 꺼내기는 쉽지 않았다. 친구의 표정으로 볼 때 썩 가벼운 이야기가 나올 것 같지만은 않았으니까. 아직은 이야기를 꺼내 봤자 친구에게도, 나에게도 좋을 건 없을 것 같아 보였다. 조금의 취기가 필요하다는 생각이 들었다. 그렇게 몇 잔이 다시금 오고 가고, 취기가 적당히 올라왔다 싶을 때쯤 친구에게 조심스레 물음을 건넸다.

"무슨 일 있어?"

친구는 한숨을 크게 내쉬고선 연신 술만 들이켰다. 아직은 대답하기를 원치 않는 눈치였다. 조금의 취기로는 감당이 안 될 버거운 일이 틀림없었다. 아직은 아니라는 생각에 더는 물음을 건네지 못하고 그저 친구가 입을 열기까지 조용히 기다렸다. 우리 사이에는 그렇게 침묵을 안주 삼은 술잔이 한참 동안 오고 갔다.

얼마나 지났을까. 친구가 어렵게 입을 열었다. 가족 이야기였다. 무뎌진 줄로만 알았던 지난 아픔이 불현듯 다시 떠오른 것이다. 술을 먹으며 한숨과 함께 가족 이야기가 나온다는 것은 결코 가볍지 않은 내용일 것이다. 딱히 정답을 찾아야 하는 고민도 아니었다. 혼자 감당하기 버거운 아픔인 것을 알기에 우리는 한참을 함께 아파했던 기억이 있다.
나도 어린 시절에 소중한 사람을 훌쩍 떠나보낸 경험이 있다. 그 덕에 어머니는 기둥이 되셔야 했고, 몇 문장으로는 담아내기 어려운 시절을 보냈다. 그래서인지 조금은 알고 있다. 그 슬픔과 아픔의 깊이를.

하지만, 가늠할 수 없다는 것도 안다.
아픔의 크기는 저마다 다를 게 분명하니까.

아픈 사람들

저마다 짊어진 어깨가 한쪽쯤은 있는 법.
그것이 양쪽 모두래서 더 무거우리란 법은 없고
사연이 얕다고 해서 더 가벼우리란 법은 없다.
우리는 그저 서로의 무게를 가늠치 않고
때로는 울고 때로는 웃으며
세상을 함께 걸어가면 되는 것이다.

결과적으로 우리는 모두 아프거나, 아플 사람들이니까.

나름의 이유

아픔을 말하지 않는 사람은
나름의 이유가 있다.
아픔에 아픔을 더하는
가장 잔인한 행동은
그 아픔을 설명하게끔 만드는 것이다.

당신의 문장을 읽고 싶다

글을 쓰게 된 후로 꾸준히 서점에 들르게 되었다. 아마 매주에 한두 권 정도는 꼭 빼먹지 않고 읽어 오지 않았을까 한다. 처음에는 마냥 좋아서 읽기 시작한 게, 이제는 아예 몸에 배어 버렸다. 읽지 않으면 허전함을 느낄 만큼 습관이 되어 버린 것이다.

최근에 들어서는 감명 깊게 본 책들을 한 곳에 모아 두고서 하나씩 다시 펼쳐 보기 시작했다. 당시에 좋았던 문장들을 다시금 눈에 담아내고 싶은 게 이유였다. 그렇다고 보고 싶은 문장만 골라서 찾아보지는 않았다. 목차부터 시작해 처음부터 다시 천천히 읽어 내렸다.

그러던 중, 재밌는 사실을 하나 발견했다. 같은 책을 처음부터 다시 읽어 보면 전에는 보지 못했던 새로운 문장들이 두 눈에 번쩍이며 들어온다는 것이다. 마치 같은 영화를 다시 보면 보지 못했던 장면이 새롭게 보이듯이. 심지어 이렇게 좋은 문장을 내가 왜 보지 못했을까 하는 의문이 들며, 내 눈을 의심하기까지 한다. 당연히 처음 읽었을 때도 그 페이지, 그 문단에 그대로 있었을 터이지만, 아마 다른 부분에 집중하느라 미처 보지 못했던 것 같다.

한편으로는 이것이 인간관계와도 닮아 있다는 생각을 한다. 우리는 때로, 한 번의 모습으로 사람을 판단해 버리기도 하니까. 잠시 잠깐 나눈 대화로 그 사람을 판단해 버리기도 하고, 심한 경우에는 단정 짓기까지 하니까. 또 어떤 경우에는 겉모습만 보고서 말을 건네기 꺼리는 경우도 있으니 말이다. 어쩌면 우리는 늘 그렇게 관계에 대한 오류를 범하고 있는 것인지도 모른다.

아마 우리에게 필요한 건 사람을 다시 읽어 보는 습관이 아닐까. 그것도 처음부터 백지상태로. 책도 다시 펼쳐 보면 놓쳐 버린 문장들이 새롭게 보이는데, 같은 영화도 다시 보면 놓쳤던 장면들이 눈에 들어오는데, 그것들을 직접 만드는 사람이란 존재를 몇 번의 모습으로 가늠한다는 건 애초에 불가능한 것일 테니 말이다.

그러니까 나는 오늘 소중한 사람들을 다시 펼쳐 보아야겠다. 그리고 다시 읽어 보아야겠다. 분명 어딘가에 내가 놓쳐 버린 그들의 문장이 있을 것이다.

어쩌면 우리도

출처 모를 감정에 이끌려 올려다본 밤하늘은 유독 선명했다. 자정의 창백한 음율과는 많이 달랐달까. 문득 사색에 잠겨 버리기 좋은 풍경이었다. 그런데 과연 저 수많은 별은 저들 자신이 밤하늘에 수놓아졌을 때의 아름다움을 알고 있을까? 스스로를 어둠 속에 갇힌 외로운 존재라 여기고 있진 않을까? 각각의 존재가 흩어져 모인 밤하늘의 풍경을 어쩌면 저들은 모르고서 한평생을 살아갈 수도 있겠다는 생각이 들었다.

내일보다는 오늘에

순간은 지금도 끊임없이 죽어 가고 있다.
모든 게 조금씩 낡아 가고 있다.
그래도 확실한 건,
우리는 내일보다 오늘이 더 청춘이라는 것이다.

바다 같은 사람

나는 걱정이 산처럼 쌓일 때면 혼자서 여행을 떠나곤 했다. 여행이라 해 봤자 그리 거창한 것은 아니고, 근처의 바다를 보러 떠나는 것이 전부였다. 오후쯤에 기차를 타고 출발해 바닷가 근처의 게스트하우스에 묵으며 하루를 보내는 것이다.

혼자 여행을 떠나는 것에는 나름의 이유가 있었다. 사람들과 이야기를 터놓으며 고민을 해결하고 싶다기보다는, 혼자 천천히 생각을 정리하고 싶어서다. 혼자라면 그 어떤 것에도 구애를 받지 않고 나의 생각을 온전히 펼칠 수 있다. 가장 최근에는 부산으로 떠났던 기억이 있다.

바다는 이유 모를 신기한 능력이 있다. 코로 맡아지는 바다 냄새는 왠지 모르게 기분을 좋은 방향으로 자극시켜 주고, 귀로 들려오는 파도 소리는 멜로디처럼 마음에 들어와 답답했던 감정을 조금 식혀 준다. 또 눈에 들어오는 넓은 바다는 작던 마음도 괜스레 넓어지게 만든다. 그래서인지 생각을 정리하고 싶을 때면 곧장 바다로 떠나는 편이다. 바닷가 근처에 앉아 하염없이 바다를 바라보고 있자면 마음이 그토록 편안해질 수 없다.

그렇다고 생각을 정리하는 데 딱히 나만의 방법이 있는 건 아니었다. 그냥 바다를 바라보고 있으면 자연스레 생각이 많아지고, 그것들이 차례대로 편안히 정리되는 거니까. 이유는 바다가 주는 편안함이라 설명하는 게 맞을 것 같다.

언젠가 생각한 적이 있다. 나도 누군가에게 바다 같은 사람이 되고 싶다고. 내가 바다처럼 넓은 마음을 가지는 것도 좋겠지만, 누군가 나를 바라봤을 때 마음이 괜스레 넓어졌으면 좋겠다고. 누가 나의 향을 맡았을 때 이유 없이 미소를 지었으면 한다고. 그리고 나의 목소리를 들었을 때 마음이 조금이라도 안정을 찾았으면 한다고. 그렇게 포근한 사람이었으면 한다. 나도 누군가에게 그런 사람이고 싶고, 또 그런 누군가를 만나고 싶다.

지난 바람

그러니까, 언제까지나 당신이었으면 했다.
깍지를 끼고서 동네를 가볍게 거닐 수 있는 사람이.
함께하는 것만으로도 반짝인다는 걸 아는 사람이.
나도 참 괜찮은 사람이란 걸 새삼스레 깨닫게 해 주는 사람이.
이런 게 사랑이라면 수천 번은 반복해도 좋을 것 같다는 사람이.
조금 올라온 취기를 핑계로 수줍게 마음을 꺼내어 줄 사람이.
늦은 밤, 그런 취기에 새빨개진 두 볼을 맞대고
몸과 마음을 흠뻑 포개어 버리고 싶은 사람이.
그런 사람이. 그런 사랑이.
언제까지나 당신이었으면 했다.

뜻밖의 복병

늦은 밤, 친구로부터 한 통의 전화가 왔다. 침울한 목소리로 들려온 난데없는 이별 소식이었다.

사랑에 관한 글을 자주 쓰다 보니 주변에서 연애에 대한 고민을 털어놓을 때가 많은 편이다. 그럴 때라면 조금의 해답을 함께 찾아보겠지만, 이별은 조금 다르다. 정답을 찾아야 하는 상황이 아닌, 결말이 이미 정해져 버린 상황이다.
나는 그런 경우라면 딱히 별다른 해답을 건네지 않는 게 좋다고 생각한다. 그저 하고 싶은 말을 모두 속 시원히 비워 낼 수 있도록 묵묵히 들어 주며 고개를 끄덕여 주는 편이다.

누군가는 그 결말에 행복했던 만큼 아파 올 것이고, 다른 누군가는 아파했던 만큼 후련해질 수도 있다. 또 다른 누군가는 그 결말을 바꿔 보려 숱한 밤을 지새울 수도 있다. 그녀는 한 시간이 넘도록 핸드폰을 내려놓지 못했다. 그만큼 아쉬운 게 많은 듯했다. 내용을 들여다보니 나의 지난 사랑과도 얼핏 닮아 있었다.

그녀는 그와 정말 잘 맞았다고 한다. 그녀가 먹고 싶은 음식이 떠오를 때면, 그는 그녀가 입을 떼기도 전에 한가득 가져와 그녀의 입에 하나씩 넣어 주었다고 한다. 유난히 보고 싶은 날에는 마음을 읽어 버리기라도 한 듯 집 앞에 문득 찾아오곤 했다고 한다. 앞으로 남은 평생 이런 사람을 다시 만날 수 있겠느냐는 물음에 조금의 여지도 없이 고개를 저을 만큼 무척 사랑했다고 그녀는 답했다.

그런 둘의 관계에 금이 가게 된 것은 단 한 번의 다툼이었다. 심지어 여태까지 사랑하며 처음 일어난 다툼이었다. 연애 후반까지 한 번의 다툼조차 없던 둘은, 그렇게 단 한 번의 다툼으로 이별의 문을 두드리게 된 것이다.

그녀는 애초에 서로가 워낙 잘 맞던 점이 독이 된 게 아닐까 하는 말을 더했다. 처음부터 너무 잘 맞아서, 그러니까 서로에게 굳이 맞춰 갈 필요가 없던 행운이 뜻밖의 복병으로 작용한 게 아닐까 하는.
애초에 서로가 다름을 맞춰 본 경험이 없었으니까, 그렇게 처음으로 다름이 찾아온 시기에 능숙히 조율

하지 못했고. 그 과정에서 서로에게 준 상처가 온전히 아물지 못해 결국 이별로 이어진 듯했다.

그녀는 차라리 처음부터 다른 점이 많았더라면 좋지 않았을까 하는 말을 보탰다. 그랬더라면 서로 맞춰가는 방법에 조금은 능숙했지 않았을까 하며. 조금은 더 함께였지 않았을까 하며.

자세

10중 9가 맞는다 한들
1을 맞춰 가지 못하면 틀어지는 것이 관계다.
애초에 맞고 안 맞고를 따질 필요가 없다는 것이다.
가장 중요한 것은 맞춰 갈 자세가 되어 있느냐지.

포기

우리는 때로
이해할 수 없는 것들을 이해하기도 한다.
다만, 그 이해라는 것은 모순적이게도
'포기'라는 의미를 병행하곤 했다.

어느 겨울밤

언젠가 당신의 손을 맞잡고 함께 거닐던 길을 홀로 걷는다. 수족냉증이 심한 그 손에서도, 온기가 느껴진다던 내가 미소를 지으며 서 있다.

하늘에는 우리의 시작과 끝을 알리던 새하얀 눈이 내린다. 왼편에서만 걷던 당신의 습관 덕에 왼쪽 옆구리는 허전함을 감추지 못한다.

별것 아닌 이야기에도 입꼬리가 내려올 줄 모르던 지난 음성이 귓가에 희미하게 들려온다. 삼켜 내지 말아야 했던, 내뱉어야 했던 단어들이 천천히 입가로 몰려오고 있다. 주위를 둘러본다. 아무도 없다는 사실을 확인하고서야, 이내 조심스레 내뱉어 본다.

"사실은 그게 아니었는데…"
대답은 들려오지 않았다. 차마 내뱉지 못해 꾹 삼켜버린 단어들에는 더는 호흡이 없었다. 숨이 멎어 있었다. 그저 나의 입안에서 후회라는 사체로 남겨졌을 뿐이었다.

그날 밤, 눈이 세차게 내렸다.
눈은 여전히 그치질 않았고,
거리를 덮으려는 듯 쏟아 내리다
이내 녹아 버렸다.

전부.

봄이 지나간 자리

익숙함에 취해 잊고 있었구나
꽃은 진다는 걸.

지난 메시지 ───────

익숙함이 왜 무서운지 알아?
오후 9 : 08

왜 무서운데?
오후 9 : 09

잃고 나서야 알게 되거든.
오후 9 : 13

> 우리 생각할 시간을 좀 갖자.
> 오후 10 : 06

>> 이미 알고 있어.
>> 오후 10 : 10

> 뭘?
> 오후 10 : 13

>> 넌 이미 정리했다는 거.
>> 오후 10 : 15

사실 조금은 눈치채고 있었어.

오후 10 : 45

어떻게?

오후 10 : 48

넌 내 하루를

궁금해하지 않았거든.

오후 10 : 57

그냥 말하지 그랬어.

오후 11 : 32

솔직히 궁금하지도 않았잖아.

오후 11 : 39

> 말해 주길 기다리고 있었어.
> 오전 12 : 15

미안해 좀 더 일찍 말했어야 했는데.
오전 12 : 21

> 지금이라도 말해 줘서 고마워.
> 오전 12 : 24

그래 잘 지내.
오전 12 : 26

> 그래 너도.
> 오전 12 : 30

그래도 그때 그 말은 진심이었지?

오전 1 : 12

당연하지.

오전 1 : 16

그래 그러면 됐어. 잘 지내.

오전 1 : 25

요즘엔 어때?

오전 2 : 07

솔직히 가끔 생각나고 그립긴 한데

그렇다고 돌아가고 싶은 건 아니야.

오전 2 : 29

뭐 해?
오후 11 : 02

그냥 있어. 왜?
오후 11 : 37

그냥 생각나서 연락해 봤어.
오후 11 : 39

2부

어떤 봄에는 눈이 내렸고 어떤 겨울에는 꽃잎이 흩날렸다. 생은 그렇게 모순 그 자체였다.

외로움에는 정답이 없다는 것 ———

알 수 없는 외로움이 찾아오는 시기가 있다. 사랑이 그다지 하고 싶은 것도 아닌데, 옆에 있어 줄 누군가가 딱히 필요한 것도 아닌데 괜스레 외로워지는 시기가. 대개 그런 시기의 외로움은 장기간 체류한다. 나는 그런 시기가 올 때면 외로움에서 어떻게든 벗어나려 여러 시도를 해 보았던 것 같다. 소중한 사람들과 여럿이 모여 술을 왕창 먹고 놀아 본다거나, 노래방에 가서 목이 쉴 정도로 지르고 온다거나. 무작정 어디로 떠나 본다거나. 결론은 아무런 소용이 없었지만 말이다.

누군가 옆에 있어도, 설령 없더라도 외로운 것은 늘 매한가지였다. 사람의 공백으로 인해 오는 외로움은 아닌 게 분명했다. 아마 그때부터였던 것 같다. 어떤 시도도 부질없다고 느껴졌던 게. 더는 뭔가를 억지로 시도하지 않게 된 게. 그때부터는 내가 외롭다는 생각을 더는 부정하지 않게 되었던 것 같다.
그 감정에서 벗어나는 것을 포기하고 어쩔 수 없이

하던 일이나 계속했던 기억이 있다. 조금 버겁긴 했지만, 견디자면 견딜만했다.

그렇게 제법 시간이 흐르니 신기하게도 외로움이 조금씩 사그라들기 시작했다. 여전히 외롭긴 했지만, 한편으로는 천천히 나아지는 게 느껴졌다. 만일 외로움이란 감정을 수치화할 수 있다면 100에서 매일 1씩 줄어들어 0으로 향하는 것처럼. 오늘이 100이라면 내일은 99로 줄어들고, 모레에는 98로 줄어드는 것처럼 말이다.

그렇게 시간이 흐를수록 점점 나아지면서 이겨 낼 수 있었다. 지금에서 생각해 보면 그건 아마 외로움을 온전히 인정하고 받아들여서 단지 무뎌졌던 게 아닐까 싶다. 마치 아픔이 지속되면 굳은살이 박여 그것에 무뎌지듯이.
그래서인지 요즘에는 외로움이 찾아오면 그냥 그대로 받아들인다. 그 감정에서 벗어나려 억지로 발버둥 치지 않는다. 온전히 나의 것으로 품어 버린다.
그렇게 조금의 힘든 시간이 지나면 거짓말처럼 괜찮아진다. 무뎌진다는 것이다. 솔직히 아직도 이 외로움의 출처가 어디인지, 또 어떻게 해소해야 하는지는 잘 모르겠다. 다만 조금의 요령이 생겼다고 할까.

외로움 ———————————————

외로움이란 감정은 사라지는 것이 아니다.
그 상태 그대로 무언가에 덮여 버리는 것이지.
그러니까, 외로움은
어딘가에도 흩뿌려져 있다는 말이다.
내가 있는 이곳, 당신이 있는 그곳에도.
나의 마음 어딘가, 당신의 마음 어딘가에도.
결국에는 가장 익숙해져야만 할 감정이란 것이다.

어떤 이별

왠지 아프지 않았다.
어쩌면 우리는
서로에게 작별을 고하기도 전에
이미 이별을 했던 건지도 모른다.

지난 기억

우리는 알아야 했다.
소중하다고 말하기 전에
지킬 수 있는 것인지.

4월의 밤

초심은 자꾸만 나를 흔들어 놓았다.
다시 잡기엔 꽤나 멀어져 있었고
놓기에는 여전히 가까운 듯했다.

짙은 어둠 속, 한 줄기의 빛

며칠 전 반가운 사람으로부터 연락이 왔다.

"민성아. 너 요즘 글 쓰더라. 형이 SNS를 안 해서 몰랐는데 친구가 네 이름이 적힌 글을 배경 화면으로 해 놨지 뭐야. 그런데 요즘 많이 힘드냐? 글이 대부분 아픈 글이더라. 무슨 일 있으면 형한테 얘기해라 언제든지."

요즘 들어 주위로부터 글에 대한 응원을 많이 받고 있다. 정말 감사한 일이다. 그런데 한편으로는 진심 어린 걱정을 건네는 사람들도 적지 않다. 특히 어머니께서는 아주 가끔 내 글을 읽으시는데, 그때마다 걱정 섞인 물음을 건네시곤 한다. 요즘 무슨 일 있냐고. 글이 왜 이렇게 어둡냐고.
아마 대부분의 사람들이 그렇게 생각하지 않을까 싶었다. 나도 타인의 입장에서 나를 바라본다면 충분히 그렇게 보일 것 같으니까.
그때마다 나의 대답은 한결같았다. 요즘은 정말 행

복한데, 아픔 섞인 글은 여전히 놓고 싶지 않다고.

처음 글을 쓰기 시작한 게 소중한 인연을 떠나보내고 난 직후일 거다. 한때 전부였던 한 사람을 잊지 못해 혼자 끄적이던 글을 SNS에 올리기 시작했고, 시간의 흐름에 따라 사람들에게 조금씩 알려지게 되었으니까.

나는 지난 시절의 것들을 고스란히 문장에 담아 보려 노력한다. 사랑이 전부라고 믿었던 한철의 순간을, 이별 후에 느낀 날 것 그대로의 감정을, 밝지만은 않았던 어린 시절의 깨달음을. 어찌 보면 일종의 기록인 셈이다. 지난날에 대한.

시간은 속절없이 흐른다. 때로는 빠르게 흘러가기도, 느리게 흘러가기도 한다. 실제로는 변함없이 일정한 속도로 흐르겠지만, 순간의 상황에 따라 우리는 저마다 다르게 받아들이곤 한다. 시간은 끊임없이 초 단위로 죽어 간다. 그럼과 동시에 우리는 새로운 초 단위를 다시 받아들이고 있다. 그렇게 죽어 간 시간은 삶에 어떤 흔적을 남기게 되는데, 흔히 그것을 '기억'이라 부른다.

그 '기억'을 꺼내어 봄으로써 여전히 오늘을 살아간 다고 말하고 싶다. 어깨가 무거워지는 날에는 지난 행복을 꺼내 보며 위안을 얻기도 하고, 견디기 버거운 절망이 치달을 때는 지난 깨달음을 되새기며 그것들을 발판 삼아 다시 일어서기도 한다.

그것들이 모이고 모일수록 더 단단한 삶에 가까워지는 것이라 생각한다. 그리고 빛보다는 어둠 속에서 더 큰 힘이 나온다고 믿는다. 그것이 곧 내가 어두운 시절을 자꾸만 비추며 글을 쓰는 이유일 것이다.

짙은 어둠 속을 뚫고 나온 문장들은 대개 깊은 깨달음을 준다. 그런 문장들에 가까워질수록, 우리는 더욱 강해지기도 한다.

행복의 기준

삶의 행복은
꽃길을 얼마나 걷느냐보다는
가시밭길을 어떻게 받아들이느냐에 있다.

믿음의 차이

보이는 것만 믿는 사람과
보이지 않는 것까지 믿는 사람은
그릇의 크기부터 다를 수밖에 없다.
누군가 하늘을 담으려 할 때
누구는 우주를 담아 버리니까.

지금, 사랑할 수 있다면

사람들은 흔히 말한다. 외로울 때 하는 사랑은 진짜 사랑이 아니라고. 단순히 외로움을 충족시키기 위한 수단에 불과하다고. 애초에 외로움에서 오는 감정과 저 아래에 깊숙한 곳에서 올라오는 사랑이라는 감정은 엄연히 위치부터 다른 법이라며. 대개 그런 감정들은 외로움이 적절히 해소되면 어느 한순간에 사라질 가능성이 크다며.

그 흔한 말에 나는 생각이 조금 다른 편이다. 외로울 때 하는 사랑도 틀림없는 사랑이라 생각한다. 저 아래 깊숙한 곳에 있는 감정이 아니더라도, 함께하는 애틋한 시간이 지속된다면, 외로움과 사랑의 접점이 맞닿는 순간이 온다고 믿는다.

그러니까 내 말은 지금 사랑할 수 있다면 그곳에 잠시 멈춰 진득하게 사랑했으면 좋겠다는 것이다. 사랑은 서로가 가진 고유의 색을 섞는 것이기에, 그렇게 섞어 낸 색이 어떤 색을 만들어 낼지는 그 누구도, 자신조차도 모르는 법이니까. 그 어떤 이론도, 그 어떤 사람의 경험담도 결코 정답이 될 수는 없으니까.

그러니까 내가 사랑이라 생각한다면, 또 그 생각에 흔들리지 않는 진심이 있다면, 그것이 곧 사랑이라 믿어 보았으면 한다. 그 누가 뭐라던 간에 모든 것을 제쳐 두고 한번 전진해 보았으면 한다.

아, 물론 사랑이라는 이름의 힘으로 누군가의 진심을 갖고 놀거나, 상처를 주는 무책임한 행동은 결코 해서는 안 될 짓이겠다.

길을 잃었다는 건
새로운 길을 걸을 수 있다는 것 ———

종종 스스로 묻곤 한다. 지금 걷는 길이 진짜 내 길이 맞냐고. 훗날 문득 뒤돌아본다면 정말 후회하지 않겠냐고.

생각해 보면 나는 학창 시절 때부터 '꿈'이란 게 없었다. 여유롭지 못했던 형편에 힘입어 훗날에 돈을 많이 벌고 싶다는 '목표' 정도만 있었을 뿐. 혹시나 생기더라도 어떨까 하는 호기심에서 그칠 뿐, 서늘한 현실 앞에 가슴이 두근거리는 설렘으로 이어지지 못했다.

나는 틈이 날 때마다 의문을 던지곤 했다. 꿈은 과연 어떤 것일까? 만일 내게도 꿈이란 게 생긴다면 마음 어딘가가 쿵쾅거릴까? 아니면 두근거릴까? 나의 하루는 어떻게 바뀌어 버릴까?

그런 의문이 일상이 되어 갈 무렵, 나는 참 많은 것을 시도하고 나섰다. 특히 내가 고집해 온 길과는 전혀 다른 길로 자주 걸어 다녔다. 마치 길을 잃어버린 사람처럼.

틈만 나면 혼자 여행을 떠났고, 어린 시절 이후로는 가 본 적이 없던 교회를 꾸준히 다녀 보기도 했다. 그동안 상상만 해 오던 음악을 배워 보기도 했으며, 글과는 전혀 연이 없던 내가 글이란 걸 써 보기도 했다. 살아오던 삶과는 전혀 다른 방향으로 나아가게 된 것이다.

그렇게 날마다 방황과 새로움이라는 양면 속에 살아갔다. 그러자 어느 순간부터 나의 가슴속에는 자그마한 꿈이 생기기 시작했다. 선명하지는 않았지만, 마냥 흐릿하지만도 않은 꿈이. 신기하게도 그 꿈은 내가 길을 잃을 때마다 더욱 커져 갔다. 새로운 풍경을 맞닥뜨릴수록 더욱 선명해져 갔다.

그렇게 요즘은 꿈이란 걸 품고서 나날을 살아간다. 늦은 밤에는 먼 미래의 성공한 그림을 그려 보기도 하고, 피곤하기 그지없는 아침에도 가슴이 두근거리는 설렘으로 눈을 뜬다.
돌이켜 보면 지난 시절의 방황이 큰 도움이 되었던 것 같다. 내가 고집해 왔던 방향과는 제법 다르게 걸어 본 것. 길을 잃어버리더라도 그곳에서 만난 새로움에 희망을 놓지 않았던 것.
만약 그 시기의 내가 없었더라면 나는 영영 이 꿈을 품지 못했을지도 모른다. 가슴이 두근거리는 이 느낌을 전혀 모른 채 살아가고 있었을지도 모른다. 분명한 건, 꿈이 있고 없고의 차이는 전혀 다른 세상에 사는 것과 다름이 없다는 사실이다.

방황이 길게 이어질 때는 가끔 길을 잃어 보는 것도 나쁘지 않다. 우리는 때로 잃어버린 길에서 새로운 길을 찾기도 한다.

어긋난 각본

모든 일이 짜여진 각본대로 이뤄질 수는 없다.
다만, 때로 우리는 어긋난 각본에서
우연을 인연이라 칭하며
운명을 그려 가기도 한다.

사람의 마음에는
바다처럼 일렁이는 파도가 있다 ──

언제부턴가 괜찮다는 말이 습관이 되어 버렸다. 머리는 반대 의사를 명확히 표현하는데, 입은 늘 괜찮다고만 말한다. 어쩌면 단어를 반대로 바꿔야 하지 않을까 싶다. 괜찮다를 괜찮지 않다로, 괜찮지 않다를 괜찮다로. 그러면 조금은 맞아떨어지지 않을까 싶다.

살다 보면 억지로라도 웃어야 할 때가 많다. 속은 시커멓게 타들어 가는데도 입꼬리는 올려야 하고, 눈물은 아껴 뒀다가 늦은 밤 이불 속에서 홀로 쏟아 내야 하는 경우가 많다.

오래전의 일이다. 나의 기억으로는 딱히 친하지는 않았던 친구로부터 연락이 왔다. 그래도 안부를 물어보기 어색할 정도로 거리가 있는 사이는 아닌지라 반갑게 대답했다.

"오랜만이네. 잘 지내?"

들려오는 대답에도 별다른 문제는 없었다. 열심히 살고 있다고. 나름대로 잘 지내는 것 같다고. 친구와 나는 20분가량을 통화하며 서로의 근황에 대해 이야기를 풀어헤쳤다. 그렇게 오고 가는 대화에 물음표보다는 마침표가 많아질 때쯤, 친구가 무거운 말투로 입을 열었다. 돈에 관련된 내용이었다.

연락의 목적이 안부가 아닌 돈 때문이라는 사실에 실망을 감출 수 없었다. 돈 때문에 이렇게 전화했냐며 냉정하게 물어보려다 이내 속으로 삼켰다.
나는 평소에 정말 가까운 사이를 제외하고는 돈을 빌려주지 않는 편이다. 그렇기에 당연히 정중히 거절했다. 거절한 후로도 친구는 서너 번을 더 부탁했던 것 같다. 꼭 필요한 일이 있다고. 알다시피 누군가의 간절한 상황을 두고서 냉정하게 등을 돌리는 것은 쉬운 일이 아니다. 그래도 냉정해야만 했다.

그렇게 거절의 문장에 몇 번이나 마침표를 찍고서야 통화가 끝이 났다. 미안한 마음도 있었지만, 한편으로는 잘한 것 같았다. 내가 아니라고 생각하는 것에 알맞게 고개를 저었으니까. 예상대로 그 친구는 스치는 인연처럼 더는 연락이 없다.

마음에는 바다처럼 파도가 있다. 우리는 저마다 다양한 파도를 품고서 살아간다. 이유는 원치 않는 것들이 다가오면 밀어내기 위함일 수도 있고, 휩쓸어버려 나의 곁으로 더욱 가까이 다가오게 하기 위함일 수도 있다. 가능하다면 나는 우리가 후자보다는 전자에 강해졌으면 하는 바람이다. 그러니까 밀어내는 파도만큼은 확실히 했으면 좋겠다. 원치 않는 것들 앞에 당당히 고개를 저을 수 있었으면 좋겠다. 그렇게 스스로 원하는 삶을 찾아갈 수 있었으면 좋겠다. 삶에는 고개를 끄덕이는 것도 중요하지만, 고개를 젓는 것만큼 더 중요한 건 없을 테니까.

쉼표가 즐비하는 세상에 마침표 하나 정도는 과감하게 찍어 줄 수 있어야 한다.

겸손과 배려

겸손과 배려는 엄연히 다른 법이니
늘 겸손하되
배려는 나를 잃지 않는 선에서.

선

'선'이란 건 그랬다.
그 기준과 경계가 아주 모호해서
의도치 않게 넘어 버리고서야
비로소 깨닫게 되는 경우가 많았다.

빛의 모순

빛은 어둠과 함께할 때
더욱 빛나는 법이다.
가장 밝은 별은
가장 어두운 곳에 있을 수 있으므로 조심할 것.

결국에는 잊힐 것이란 것

언젠가 술자리에서 가장 좋아했던 사람이 누구냐는 물음을 받은 적 있다. 가장 기억에 남아 있는, 그러니까 가장 사랑했던 사람이 누구냐는 물음을.

연애를 많이 해 본 사람의 경우라면 두세 명 정도가 같이 떠올라 조금의 정도를 가늠한 뒤에 판단을 내리지 않을까 하는 우스꽝스러운 생각이 잠깐 스쳐 가고, 물음에 대해 진지하게 생각해 봤다.
사실 생각해 보면 나는 연애 경험이 그리 많지도, 그렇다고 딱히 적지도 않은 편이다. 남들이 흔히 하는 연애, 딱 그 정도를 해 봤다고 말할 수 있다. 그것도 평범하기 그지없도록. 모두가 알 듯, 사랑은 평범할수록 특별한 것이니까.

나는 딱 한 사람만이 떠올랐다. 아마 그 자리에 함께 있던 친한 친구 녀석들은 당연히 다 알고 있을 한 사람이. 굳이 이름을 말하며 대답하지는 않았다. 그냥 오래전에 만났던 한 사람이 떠오른다고, 바보 같이 참 많이 좋아했던 사람이 있었다고, 당시에는 그렇게 대충 얼버무리고 다른 이야기로 넘겼던 기억이 있다.

그런데 최근 들어 곰곰이 생각해 보니 조금은 다른 생각이 들었다. 내가 여태 만나 온 사람은 그녀 한 명뿐이 아닌데, 그 물음에 덜컥 떠오른 사람은 그녀뿐이었다는 것이다. 그러니까 다른 사람들은 애초에 생각나지도 않았다. 그렇게 생각나지 않은 사람들 중에는 이렇게 인위적으로 떠올리자면 생각이 나는 사람도 몇몇 있고, 얼굴이 제법 흐릿해진 사람도 있다. 또 어떻게 보면 아예 잊힌 사람도 있지 않을까 싶다.

쓸쓸해졌다. 나도 한때 사랑했던 사람에게 떠오르지 않을 그 옛날의 누군가가 될 수도 있겠다는 생각에. 그렇게 한때 전부였던 우리의 계절이 조금씩 잊히고 있을 수 있겠다는 생각에.

놓아줄 용기

과거를 움켜잡은 채로
앞날을 그려 가지 말아라.

하늘을 바라보려면
땅을 등져야 하는 법이다.

익숙한 형상

출처 모를 새벽에 유난히 소란스러울 때가 있다. 그 출처를 추궁하다 보면 뜻밖에도 두 가지의 형상을 맞이할 수 있었는데, 내겐 아주 익숙한 것들이었다. 지난 사랑, 또는 지난 사람.

상실의 계절

낭만을 상실했던 때가 있었다. 땅은 그저 밟기 위해 아래에 있었고, 하늘은 고개를 들면 보이는 것 그뿐이었다. 우주를 떠올려 보라는 누군가의 말에 새까만 어둠만 떠올렸고, 달은 밤이 찾아와야지만 겨우 빛을 내는 존재라며 업신여겨보던 날도 있었다. 기가 찼다. 낭만 하나 잃었을 뿐인데 세상이 뒤집혀 버리다니. 사람 하나 떠났을 뿐인데 계절이 바뀌어 버리다니.

어느 봄날

잔잔한 파도에도
흔들리는 여린 꽃은 있었다.
나에겐 따스하기만 했던 어느 봄날이
누군가에겐 그토록 시린 겨울일 수도 있었다는 말이다.

어제의 흔적

작년부터 유독 이어폰을 자주 끼고 다녔다. 버스나 지하철을 탈 때는 물론이고, 공부할 때도, 심지어 잠에 들 때도 끼곤 했다. 그렇다고 해서 무슨 특별한 음악을 듣는 건 아니었다. 여느 사람들과 다름없는 평범한 음악을 즐겨 들었다.

노래의 선곡은 그날의 기분에 따라 크게 좌우되곤 했다. 그렇다 보니 재생 목록을 살펴볼 때면, 늘 전혀 다른 분위기의 노래들이 어색하게 나열되어 있었다. 순간의 감정에 초점을 맞추다 보니 슬픈 노래를 듣던 중에 갑자기 즐거운 노래를 틀기도 했고, 즐거운 노래를 듣던 중에 슬픈 노래를 틀기도 했다. 그렇게 전혀 다른 색의 노래들이 자주 바뀌어 가며 나의 귀를 타고 흐르는 날이 많았다.

한편으로는 조금 걱정스러웠다. 노래가 자주 바뀐다는 건, 그만큼 일상에서의 감정 변화가 잦다는 뜻이니까. 그만큼 내면의 무언가가 크게 요동치고 있음을 알려 주는 증거일 테니까.
그럼에도 나는 꾸준히 파동을 일으켰다. 노래를 듣는다는 것은 내게 있어 단순히 귀로 듣는다는 의미가 아니었기 때문이다. 가사를 천천히 마음으로 음미하는 일에 가까웠다. 더 나아가서는 누군가에게 하고 싶은 말과 동시에 듣고 싶은 말을 그대로 곱씹을 수 있는. 나의 감정을 대변하는 하나의 매개체였던 것이다.

돌이켜 보면 작년 10월부터 올해 10월까지는 유독 슬픈 노래를 많이 들었다. 그리고 그 노래들 사이에는 틈틈이 즐거운 노래들이 끼어 있었다.
지금에서야 생각하건대, 그것은 아마 슬픔에서 벗어나기 위해 발버둥 치던 나의 흔적일지도 모른다.

슬픈 감정을 억지로라도 밀어내보려 했던.

여전히 어린아이기에

며칠 전 어머니와 함께 작은 집에 들를 일이 있었다. 작은 집이 위치한 곳은 한때 어린 시절을 짧게나마 남부럽지 않게 보냈던 나의 고향이기도 하고, 지금은 다른 세계로 훌쩍 떠나 버린 소중한 이들의 흔적을 보관하고 있는 곳 근처이기도 하다. 명절이라 우리 가족은 성묘를 위해 납골당으로 향했다. 그곳에서 먼저 떠난 이들의 흔적과 깊은 시간을 함께 보낸 뒤, 곧바로 근처인 작은 집으로 향했다.

작은 집은 이사를 자주 한다. 이유는 여태 한 번도 묻지 않았다. 그저 나름의 이유로 자주 이동하는 것이라고, 거기까지만 생각하고 싶을 뿐이다. 최근에도 이사한 듯했다. 차에서 내릴 때 바라본 풍경이 꽤 낯설었으니까.

차에서 내려 낯선 건물의 계단을 천천히 밟고 있었다. 그때였다. 어디선가 익숙한 소리가 들려왔다. 건물은 낯설었지만, 소리만큼은 여전했다. 작은 집에서 키우는 개들이 짖는 소리였다. 작은 집에서는 두 마리의 개를 키우고 있다. 두 녀석은 여느 때와 다름없이 꼬리를 흔들며 우리를 반갑게 맞이해 줬다.

가족끼리 옹기종기 모여 한참 이야기가 오고 갈 때였다. 갑자기 한 마리가 옆으로 다가오더니 연신 토를 하기 시작했다. 하얀색의 액체들을 힘겹게 입 밖으로 뱉어 내고 있었다. 뭔가 이상하다는 느낌에 살펴보니 제법 말라 있었다. 원래 작고 마른 녀석이었는데, 더 마를 게 어디 있다고 더 말라 있었다. 조금 불길한 예감이 들었다.

작은어머니께서는 태연하게 수건을 갖고 오셔서 태연하지 않은 듯 개의 입을 닦아 주셨다. 그리고서는 애처로운 눈빛으로 평소보다도 몇 번이나 더 쓰다듬으셨다. 조심스레 여쭤보니 많이 아프다고 하셨다. 앞으로 살날이 이제 얼마 남지 않았다고.

문득 지난날의 아픈 순간들이 떠올랐다. 이별을 감당하기에는 한없이 벅찼던 어린 시절, 세상에서 가장 큰 존재들을 연달아 떠나보내야 했던 기억들이. 잡아 보기엔 너무나 멀었고, 떠났다기에는 여전히 가까웠던 순간들이.

왜 우리는 늘 소중한 존재와의 이별을 겪으며 살아가야 할까. 왜 끝까지 함께하지 못하는 걸까. 신이 있다면 그 부분만큼은 조금만 더 자비를 베풀어 달라고 청원이라도 하고 싶다.

나는 언제쯤 이별에 익숙해질 수 있을지 모르겠다. 혹자는 어른이 된다는 건 그런 것이라는 말을 보탰지만, 내겐 아직도 벅차기 그지없다.

오늘도 난 여전히 어린아이로 남아 있을 뿐이다.

상실의 밤

어떤 밤에는 상실감조차도
상실해 버리기도 했다.
눈물이 메말라 흐르지 않는다는 말을
나는 그때야 처음으로 이해할 수 있었다.

거리

다가갈수록 멀어지는 것이 있고
멀어질수록 다가오는 것이 있다.
너와 난 그 중간이길 바랐을 뿐이었고.

익숙함은 늘,
뒤늦은 후회를 수반한다

SNS를 통해 아픈 사연을 전해 들었다. 사연의 주인공은 한 여성. 사건은 그녀가 공연을 한창 즐기고 있을 때 일어났다. 무음으로 설정해 둔 그녀의 핸드폰에는 어머니로부터 연락이 끊이질 않고 있었다. 그녀는 불과 몇 시간 전에 어머니와 크게 다투고서 다짜고짜 집을 나와 버린 상태였다.

놀고 싶은 마음은 굴뚝같은데 자꾸만 제지하던 어머니가 한편으로는 미웠던 거다. 걱정하는 마음을 이해하지 못한 건 아니었지만, 차분하지 못한 성격 탓에 그녀는 결국 평소처럼 화를 내고야 말았다.

그 후로 끊이질 않는 전화에도 끝내 한 번을 받지 않았고, 연이어 도착하는 문자에도 답장을 하지 않았다. 정확히는 확인조차 하지 않았다. 그리고선 공연이 막바지에 이르자, 방해된다며 짜증을 내고서 결국 전원을 꺼 버리기까지 했다.
이윽고 공연이 끝나고 집으로 돌아가는 길. 그녀는

그제야 어머니가 떠올랐다. 오랜 시간 동안 연락이 끊이질 않던 핸드폰의 바탕 화면에는 수십 통의 부재중 알림이 보였다. 뜨거웠던 감정이 제법 식어 내리자 뒤늦은 미안함이 그녀의 주위를 감쌌다.

그녀는 곧바로 어머니께 전화를 걸었고, 세 번의 수신음이 흐른 다음에야 연결이 됐다. 그런데 이상하게도, 전화기 너머로 들리는 목소리는 어머니가 아니었다. 목이 잠기다 못 해 긁어져 버린 동생의 목소리였다. 소식을 듣고 다급히 달려간 곳에는 어머니를 제외한 모든 가족이 서 있었다.

알고 보니 그녀의 어머니는 공연이 시작할 즈음에 응급실에 실려 가고 있었던 것이다. 또, 그녀가 짜증을 내며 핸드폰의 전원을 꺼 버렸을 때, 딸의 마지막 목소리라도 듣고자 흘러내리는 피와 사투를 벌이며 끝내 핸드폰을 손에서 놓지 않았던 것이다.

-

삼가 고인의 명복을 빕니다.
그리고 남겨진 존재들의 따스한 안녕을 소망합니다.

1
나이를 먹어 갈수록 두려워진다.
사람은 언제나 훌쩍 떠나 버릴 수 있다는 게.
또 그게 내게 가장 소중한 사람일 수도 있다는 게.

2
바쁘다는 핑계로 부재중을 띄우는 날이 잦아졌다. 어른이 되었다는 이유로 그들과 얼굴을 맞대는 시간이 줄고 있다. 청춘이라는 이유로 청춘에 집중하느라, 정작 청춘을 선물해 준 그들에게 소홀해지고 있다. 어쩌면 가장 소중한 사람들 중에서도 나와 함께할 시간이 가장 짧을 텐데. 그간 소홀하기만 했던 내가 한없이 원망스럽다.

3
당신의 옅은 웃음 뒤에 숨겨졌던 울음을 기억한다. 한 송이의 꽃을 피우기 위해 기꺼이 흙과 함께 거름이 되어 주었던 지난 시절을 회상한다. 그 시절의 당신이 있었음에 지금의 내가 있음을 여전히 잊지 않는다. 늘 간직하며, 감사하며, 사랑하며, 살아간다.

4
나의 봄은 때로
당신의 겨울이었으므로.

5
간혹 멀쩡한 삶을 휘젓는 것들이 있다.
참 아이러니하게도
그것들은 우리가 흔히 사소함이라 칭하는 것들인데
그것들이 흔들고 지나간 자리에는
더는 사소함이라곤 찾아볼 수 없는 경우가 허다했다.

6월의 정동진에서

잃어 본 사람들은 대개
잃지 않은 사람들보다
더 많은 걸 알고 있었다.

늦은 후회

어차피 떠날 것에 한참을 매달렸다.

3부

간절한 만큼 포기해야 할 때가 있었다. 소중한 것을 지켜 낸다는 건 그토록 어려운 일이었다.

어느 밤의 편지

어제는 새벽의 모서리에서 당신을 펼치려다 잠에 들었습니다. 그저께는 지난 계절을 여행하다 아침을 두드리는 햇살에 눈을 떴고요. 들리는 소식에 의하면 곧 올해의 첫눈이 내린다네요. 우리의 처음이자 마지막이었던 계절이 어느덧 성큼 다가오고 있습니다.
벚꽃을 함께 보러 가자던 한철의 약속이 어긋난 지 얼마나 흘렀다고, 벌써부터 새하얀 것들이 거리를 뒤덮을 준비를 합니다.

멈춰 있을 것만 같던 무거운 시간도 어느덧 제법 흘렀습니다. 약속대로 시간은 조금의 무뎌짐이란 약도 처방해 주었고요, 후회로 인한 깨달음 같은 것도 잊지 않고 틈틈이 내어 주고 있습니다. 또 나는 곧잘 그것을 받아들이고 있고요.

누군가와 사계절을 함께 보낸다는 것은 그 무엇보다도 벅찬 일이자 어려운 일. 그 사계절 동안 나는 사랑을 여행했습니다. 아니, 정확히는 당신이란 여정을 떠난 것이지요. 여행이란 끝에 펼쳐진 한 폭의 풍경보다도 그 속의 여정을 더 기억하는 법이니까요. 시간이 꽤나 흐른 지금, 나도 당신에게 그런 여정 정도로만 남았으면 하는 바람입니다.

지난날의 사소한 습관들은 아직도 여전한지, 끼니는 거르지 않고 다니는지, 견디기 버거운 일은 없는지, 사소한 안부가 물음이 되어 머릿속을 맴도는 밤입니다. 그럼에도 물음은 마침표에 다가갈수록 쓴맛을 봐야 한다는 것을 알기에, 그 상태 그대로 놓아두고서 조용히 늦은 잠에 빠져드는 밤입니다.

그것도 모르고서

강한 것들에는 끄떡없었으나
여린 것들에는 한참을 흔들렸다.

그것이 사랑인지도 모르고서
한참을 방황했다는 말이다.

얼룩

한바탕 비가 쏟아진 후에
투명한 유리창에 남겨진 물 자국.

호호 불어 가며 이리저리 손으로 비벼 닦았더니
언제 그랬냐는 듯 말끔히 지워진다.

자국이 이리도 쉽게 지워지는 걸 보고서
너는 얼룩이구나 했다.

그리움

달을 넘기고서야
겨우 눈을 감는 날이 잦아졌다.

여름이면 어김없이 찾아오는 장마처럼
밤이면 떠오르는 감정을 한껏 펼치고선

오늘도 어김없이
지난 사랑이라 쓰고는
그리움이라 읽었다.

우리는 의도 없이
상처를 주고받고 있다

주변 사람들과 이유 없이 관계가 멀어지는 것 같은 시기가 있다. 간혹 정말로 이유 없이 멀어지는 경우도 있겠지만, 대부분의 관계에서는 이유가 있을 수밖에 없다. 한때 집안의 어두운 부분까지 서슴없이 나누던 친구와 조금씩 멀어진다거나, 전부를 나누던 연인이 등을 보이기 시작한다거나. 이 시기에는 참 안타까운 게, 나는 이유를 모르겠는데 거리만 자꾸 늘어난다는 것이다. 또 당시에는 어떤 생각에 꼬리를 물어도 해답을 찾을 수 없는 경우가 많다.

그런 경우는 대개 조금의 시간만 흐르면 알 수 있다. 그때의 문제점들이 점차 수면 위로 드러나기 시작한다. 나의 경우에도 그런 적이 몇 번 있었다. 대부분은 입 밖으로 내뱉은 말이 문제였다. 가까운 사이라는 가정하에 편한 의도로 내뱉은 말이 상대에게는 제법 상처가 되었던 것이다. 그 후로부터 나는 누구를 만나건 간에 말을 조심하는 습관이 생겼다.
한편으로는 많이 아쉬운 일이 아닐까 한다. 이유를

모르고 멀어진다는 것은. 그렇게 인연이 떠나간다는 것은. 그렇기에 종종 되돌아봐야 한다. 내가 무슨 실수를 저지르지 않았는지. 그것이 의도되었건, 의도되지 않았건 말이다.

어제는 돌다리를 건너다 휘청했다. 중간 지점에 있던 돌이 미처 고정이 덜 되어 있던 것이다. 다행히 균형을 잡고서 무사히 건너기는 했지만, 조금은 깊은 생각에 잠겼다.
만일 내가 그곳에서 넘어졌다면 부실한 돌이 잘못이었을까, 아니면 튼튼히 고정되어 있다고 굳게 믿고 건너려 했던 나의 잘못인 걸까.

또다시

누군가 무심코 내뱉은 말에
내 가슴을 난도질당했듯이.
내 말 또한 누군가에게
상처를 줄 수 있음을 잊지 말아야지.
하면서도 나는 누군가에게
또 상처를 주고 있고.

꽃

누구나 그런 게 있을 것이다. 어떤 시기에만 볼 수 있는 것들을 반드시 눈에 담아내고 싶은 마음이. 꼭 놓치고 싶지 않은 마음이.

이별한 지 얼마 되지 않았던 작년 봄이었다. 나는 그해의 봄을 후회 없이 보내기 위해 비슷한 처지의 친구와 함께 인터넷을 뒤져 벚꽃의 명소라는 곳을 찾았다. 매년 수많은 인파가 몰리는 곳이라 했다.

버스를 타고 30분쯤 흘렀을까. 명소라는 타이틀에 전혀 손색없는 풍경이 펼쳐졌다. 벚꽃은 사방에 만개했고, 이곳저곳에 흩날리고 있었다. 다만 그에 지지 않겠다는 듯 연인들도 만개했던 기억이 있다.

그날 우리는 예상치 못 한 걸어 다니는 꽃들에 어린 시샘만 잔뜩 퍼붓고 돌아왔다. 친구는 눈에서 땀이 난다 했고 나는 꽃이 갑자기 싫어졌다고 했다. 지금 생각해 봐도 제법 우스운 일이다. 최근에 이별을 겪은 두 사람이 무턱대고 연인들의 성지에 찾아갔으니 말이다.

당시에 우리는 길거리를 지나는 연인들에게 저주 비슷한 우스꽝스러운 농담을 던졌다. "지금 저 사람들도 꽃잎이 다 떨어지면 자연스레 떨어질 거야." 물론 우리에게만 들릴 정도의 아주 작은 목소리로 말이다. 그러다 연인들이 뒤를 돌아보기라도 할 때면 딴청을 부리며 급히 자리를 피하고는 했다.

집으로 돌아가는 버스에서 우리는 많은 이야기를 나눴다. 이야기의 대부분은 가시질 않던 지난 미련이었다. 우리는 여러모로 아쉬운 게 많았으니까.
그렇게 이야기가 한창 오고 갈 즈음, 친구는 주위의 풍경과 사뭇 다른 말을 내게 건네었다. 나는 그 말을 듣고서 한참 동안 고개만 끄덕였다.

"예쁜 것들은 대개 빨리 지더라."

차가운 운명

주어진 운명의 길에서 우리는 자꾸만 넘어졌다.
나는 너의 발을 걸었고, 너는 나의 발을 걸었다.
우리에겐 그렇게 해서라도
차가운 운명을 부정하고 싶던 시절이 있었다.

추억이 지나간 자리에는
틈틈이 감정의 여진이 발생한다 ———

가만 보면 세상에는 매년 사건 사고가 잦게 일어나는 특정한 시기가 있는 것 같다. 특히 자연재해는 어떤 시기에 걸쳐서 동시에 곳곳에서 일어나는 듯하다. 실제로 그런 것인지는 모르겠으나 개인적인 체감으로는 그렇다. 그럴 때는 아침마다 마음이 아파 온다. 속속히 세상의 슬픈 소식들이 귀에 들려오기 때문이다. 어떤 날에는 일부러 아침 뉴스를 피해 보기도 했다. 결국에는 머지않아 들려오는 소식을 접해야 했지만 말이다.

삶에 오는 시련도 이와 비슷하다고 생각한다. 아주 평범하기 그지없는 날, 견뎌 내기 벅찬 무게가 갑자기 어깨 위에 덩그러니 놓인다. 애초에 큰 시련부터 놓이는 경우도 있겠지만, 사실 대부분은 아주 작고 사소한 부분에서 어긋나 크게 번지는 경우가 많다. 시련을 피하려 발버둥을 쳐 보아도 결국에는 인정하고 받아들이게 되어 있다.

반면, 행복도 비슷한 면이 있다고 생각한다. 예고 없이 삶에 찾아와 미소 짓는 한철을 선물한다. 그러나 늘 행복할 수만은 없는 법, 행복에는 기한이 있다. 그 기한이 끝나는 시기에는 조금씩 어두운 그림자가 몰려오기 시작한다. 그러면서 삶의 풍경이 조금씩 변화하기 시작한다. 그렇게 봄과 겨울 사이를 몇 번이나 왔다 갔다 하게 된다.

한철의 사랑이 그랬다. 지진처럼 일말의 예고도 없이 찾아와 삶을 송두리째 흔들어 놓았다. 그렇게 사랑이 지나간 자리에는 다른 무언가로는 쉽사리 덮을 수 없는 아픈 흔적이 남겨졌다. 아픈 시기에는 시간이 약이라는 말이 전혀 위로가 되질 않았다. 아무리 시간이 약이라 한들 도통 흐르지 않았기 때문이다.

아픔들은 저마다 비슷한 특징을 가진다. 아무리 오랜 시간이 흘러도 쉽사리 지워지지 않는다는 것이다. 특히 말이라는 화살로 감정이란 마음에 꽂힌 문장의 아픔은 더욱 그렇다. 누군가 내게 건네었던 문장도, 내가 누군가에게 건네었던 문장도 여전히 어떠한 아픔의 것들로 남아 있을 것이다.

오늘 밤, 지난 추억의 여진이 한가득 몰려올 것이다.

이별행

달리는 열차 안에서
앉은 자리를 아무리 바꾼다 한들
열차는 변함없이
한 방향으로만 나아갈 뿐이었다.

전조 현상

사랑의 비극은
사랑을 노력한다는 것에서부터 시작한다.

다시 보고 싶은 영화

몇 개월 전 SNS를 하던 중에 생긴 일이었다. 늦은 밤, 마음 어딘가를 깊숙이 찔러 버리는 어떤 문장이 피드에 올라왔다.

"헤어진 사람과 다시 만난다는 것은 똑같은 영화를 다시 보는 것과 같다."

당시에는 그 말을 단숨에 이해해 버린 내가 조금은 처량했다. 나도 한때 끝난 인연을 붙잡고서 새로운 시작을 꿈꿔 본 경험이 있었으니까. 결론은 대부분의 연인과 비슷한 이유로 다시금 쓴맛을 보았지만 말이다.

아직도 종종 그때를 떠올리곤 한다, 다시 시작할 수만 있다면, 그러니까 처음으로 돌아갈 수만 있다면 무엇이든 감당할 수 있다고 굳게 다짐하던 때를. 그 사람만 다시 나의 곁에 머물러 준다면, 어떤 시련이 닥쳐도 반드시 이겨 낼 준비가 되어 있다며 당당히 외치던 시절을.

그렇다 보니 그런 문장을 보고서 쉽게 지나칠 순 없었다. 미련 비슷한 찝찝한 감정이 들기도 했고, 무엇보다 그때의 기억으로 돌아가 나의 감정을 한 번 솔직하게 써 보고 싶었다.

그렇게 한참을 사색에 잠기다 나는 슬그머니 한 문장의 댓글을 남기고는 이내 눈을 감았다.

"누구나 다시 보고 싶은 영화가 하나쯤은 있는 법."

세상의 온도는
때로,
나의 시선에 따라 달라지기도 했다 ——

요즘은 카페에 가는 날이 잦다. 글을 쓰기 위해서다. 학창 시절에도 독서실보다는 카페를 주로 이용했다. 소리와 공간이 완전히 차단된 분위기보다는 적당한 잡음이 섞인 자유로운 분위기가 집중하기 편해서였다. 그 습관이 지금까지 이어져 온 것 같다.

카페를 나만의 기준으로 나누자면 두 가지로 나눌 수 있다. 공부나 어떤 작업을 하기 위해 오는 사람들이 주를 이루는 다소 조용한 분위기의 카페와 수다를 떨기 위해 오는 사람들로 구성된 시끌벅적한 카페로. 나는 당연히 늘 전자의 카페로 향한다. 그곳에서 잔잔히 흐르는 감성적인 노래 위에 감정을 얹어 글을 쓰는 걸 좋아하기 때문이다.

그런데 종종 나도 모르게 인상을 찌푸리게 되는 경우가 있다. 제법 높은 언성으로 대화하는 사람들이 왔을 때다. 사실상 카페는 이야기를 나누러 오는 것이 맞다. 그렇기에 너무 큰 소리가 아니라면 떠드는 일도 잘못된 건 아닐 테다. 그런데도 글을 쓰느라 예민해질 때면 괜히 신경이 곤두서게 된다.

불과 며칠 전의 일이다. 나는 퇴근 후에 어김없이 근처의 작은 카페로 향했다. 도착하기가 무섭게 곧바로 노트북을 꺼내 작업에 들어갔다. 원고 마감일이 얼마 남지 않았기 때문이었다. 아마 사람이 가장 예민해지는 시기가 아닐까 싶다. 시간에 쫓기는 시기가.
그렇게 1시간쯤 지났을까, 오지 않기를 간절히 바라던 그들이 덜컥 문을 열고 들어왔다. 단체 손님이었다. 여덟 명은 족히 넘어 보였다. 솔직히 피하고 싶었다. 지금까지의 경험으로 비추어 볼 때 단체 손님은 조용하지만은 않았으니까. 나와 조금 떨어져 앉기를 바랐건만, 애석하게도 남은 테이블은 내 옆자리뿐이었다. 순간 나도 모르게 한숨이 나왔다. 오늘도 한두 시간은 방해를 받겠거니 싶었다. 차라리 다른 카페로 장소를 옮길까 싶었지만 괜한 번거로움에 포기했다. 그때부터였다. 이어폰의 노랫소리가 커지기 시작한 게.

정신을 가다듬고 글에 집중한 지 30분이 흘렀을까, 갑자기 이어폰을 타고 흐르던 노랫소리가 끊겼다. 핸드폰이 방전된 것이다. 하필 충전기도 챙겨 오지 않은 날이었기에 이제는 집중하기 글렀겠다 싶었다.

그러면서도 반드시 써내야만 하는 상황이었기에 정신을 더욱 집중시켰다.
그렇게 조금의 시간이 흘렀을 때였다. 예상과는 사뭇 다른 현상이 펼쳐지고 있었다. 옆 테이블이 생각 외로 너무 조용한 것이다. 공부나 작업을 하는 사람들을 위해 배려하는 눈치였다. 그들은 최대한 낮은 목소리로 대화를 주고받고 있었다.

순간 뒤통수를 한 대 얻어맞은 느낌이었다. 섣부른 판단을 저질렀으니 말이다. 나는 그들이 문을 열고 입장하자마자 시끄러울 것이라 함부로 판단했다. 그리고 옆자리에 앉았을 때는 단정을 지으며 한숨까지 내쉬었다. 많이 미안해졌다. 오해해서 죄송하다고 사과라도 하고 싶은 심정이었다. 무엇보다도 그랬던 내 모습이 무척 실망스러웠다.

섣부른 판단은 자제하자며 늘 다짐하고 되뇌며 살아왔다. 그런데 그런 다짐 후에는 항상 다시금 실수를 저지르는 내가 있었다. 많이 어려운 것 같다. 세상을 그저 밝게만 바라보기에는. 그러니까 더 많이 노력해야겠다. 마음을 더욱 넓게 가져야겠다. 삐딱하게만 바라보기에는 세상은 아직도 많이 따뜻하다. 조금 차가운 게 있다면 그런 세상을 바라보는 나의 시선이 아닐까.

의미 부여

더는 의미를 부여하지 않기로 했다.
이제는 조금 단순해지기로 했다.

우리가 사는 세상

아홉 번의 노력이
한 번의 실수에 묻혀 버리는 것.
어쩌면 그게
우리가 사는 세상일 수도 있다는 것.

작년, 이맘때쯤

대답을 듣기도 전에
귀를 막아 버리는 날이 많았다.

아쉬워하지 않을 만큼만

관계에서 잦은 넘어짐을 겪으며 자제하며 살겠다고 다짐한 것들이 있었다. 가장 대표적으로 두 가지를 손꼽을 수 있는데, 바로 '판단'과 '기대'다.
모든 건 마음을 어떻게 가지느냐에 따라 달라진다는 말을 늘 믿고 기대해 왔지만, 그럼에도 여전히 어려운 건 있었다. 특히 기대가 그랬다. 판단의 경우에는 마음을 추스르면 어느 정도 자제할 수 있었지만, 기대만큼은 그러지 못했다. 아무리 마음을 가라앉혀도 아침이면 해와 함께, 밤이면 달과 함께 마음 어딘가에서 다시금 떠오르고 있었다.

돌이켜 보면 기대는 그 크기만큼 후회로 돌아올 때가 많았다. 누군가에게 10이라는 호의를 베풀었을 때, 내게는 적어도 5는 오지 않을까 했던 기대는 결국 쓸쓸함으로 돌아왔고, 한때 사랑했던 이에게 건네었던 마음 또한 그랬다. 더 나아가 심한 경우에는 부재로 돌아오기까지 했다.
간혹 기대만큼 만족이 맞아떨어지는 경우도 있었지

만 그런 경우는 여태 살아오며 손에 꼽을 정도로 적은 게 사실이다.

기대에는 그림자가 있다. 바로 '실망'이다. 실망은 기대와 비례하며 커진다. 또 기대는 크면 클수록 나의 발목을 잡는다. 그리고선 실망이란 어두운 그림자가 나타날 무렵, 가차 없이 나를 넘어뜨린다.

그럼에도 기대를 내려놓기란 쉽지 않다. 기대를 덜어낸다는 건 마치 희망을 거두어들인다는 것과 같기에. 아마 우리에게 필요한 자세는 기대를 하되 아쉬워하지 않을 만큼만 하는 게 아닐까 싶다.

아쉬워하지 않을 만큼만,
그 애매하고도 모호한 경계를 헤엄치는 밤이다.

결코 당연하지 않음을

연애를 하다 보면 자주 다투는 시기가 온다. 사랑을 나눈 시간만큼 서로의 세계에 더 깊숙이 침투했기 때문이다.
어찌 보면 별것도 아닌 일이 별것으로 번지며 감정에 불을 지피게 된다. 그럴 때는 이성적인 판단이 쉽지 않다. 대부분 대화는 감정적으로 흘러가기 일쑤다. 사랑의 크기만큼 섭섭함은 배가 되고, 섭섭함은 실망과 미움으로 변질된다. 그렇게 때로는 마음에도 없는 모진 말까지 뱉어 가며 서로의 마음을 상하게 만든다.

사람들은 대개 그 원인을 '사소함'이라 말한다. 사소한 것들이 무뎌짐으로써 발생하는 현상이라고. 하지만, 조금만 더 깊숙이 들여다본다면 그것은 결코 사소한 게 아니다.
시간은 늘 그렇다. 흐름에 따라 특별한 것을 사소하게 만들고, 사소한 것을 무뎌지게 만든다. 더 나아가 그 사소함조차도 당연하게끔 만들어 버린다. 그렇다

보니 우리가 사소하다고 느끼는 것들은 대개 처음에는 특별했을 경우가 많다.

사랑하는 사람의 표정이, 말투가, 언어가 바뀌었다면 반드시 그 자리에서 멈춰 돌아봐야 한다. 내가 어떤 것을 사소히 여기고 무심코 지나쳐 버렸는지. 어떤 특별함을 당연함이라 착각해 버렸는지.

당연하다고 생각되는 것들은
결코 당연하지 않을 때가 많다.

한철

어쩌면 우리는
너무 많은 기대를
서로에게 걸었기에
자주 넘어졌는지도 모른다.

나 같은 사람

가끔 생각한다.
나도 한 번쯤은
나 같은 사람을 만나고 싶다고.
한 번 좋아하면 끝이 없으며
매 순간에 서툴기 그지없고
바보 같이 진득하게 바라볼 줄밖에 모르는.
능숙함보다는 서툰 것이 더 아름다운 것임을 알고
그저 지긋이 미소를 지어 줄 수 있는.
그런 따스한 눈동자를 가진 사람과
한번, 사랑을 나눠 보고 싶다고.

아물어 버린 상처는
때로, 나를 강하게 만들어 주곤 했다 —

언젠가 머리를 다친 적이 있다. 잠깐의 부주의로 날카로운 모서리에 부딪혀 두피가 5센티가량 찢어진 것이다. 처음 부딪혔을 때는 찢어졌으리라곤 상상조차 못 했다. 그저 혹이 날 것이라고만 예상했지.
고통을 억누르기 위해 그 부위를 손으로 꾹꾹 눌러 보고서야 알 수 있었다. 붉은색의 피가 손에 묻어나온 것을. 당시에 나는 곧바로 병원으로 걸음을 옮겨 치료를 받았다.

육체적으로는 가장 고통스러웠던 날이 아닐까 한다. 마취도 없이 진행되었으니 말이다. 병원을 잘못 골라 간 것인지 원래 그런 것인지는 모르겠으나, 의사는 내 머리를 잡고선 의료용 스테이플러로 거침없이 7방을 꿰맸다. 한 방 한 방의 철심이 살을 파고들 때 나는 이를 악물고 버텨 내야만 했다.

봉합이 끝났음에도 고통은 멈추지 않았다. 규칙적으로 계속 아려 왔다. 그렇게 그날 밤은 뜬눈으로 잠에 들 수밖에 없었던 기억이 있다.

사실 나는 주삿바늘이 내 몸을 파고드는 것 자체를 굉장히 꺼려한다. 이유는 단순하다. 나의 살을 뚫고 날카로운 무언가가 들어온다는 게 제일 무서웠고 아팠다.
그래서인지 단순히 피를 뽑을 때도 단단히 긴장하고 소매를 걷어 올리는 편이었고, 예방 접종을 맞을 때도 몸이 잔뜩 경직되곤 했다.

그런데 요즘에는 딱히 그렇지 않다. 그날 이후로는 그런 두려움을 제법 자제할 수 있게 되었다. 처음에는 조금 꺼려지더라도 예전처럼 딱히 긴장하지 않게 되었다.
방법은 간단하다. 그날의 기억과 함께 하나의 문장을 떠올리는 것이다.

'아무리 아파 봤자 그때보다 더 하겠냐

마음속 깊이 각인된 문장들

사람들은 저마다 가슴속에 몇 개의 문장들을 품고서 살아간다. 그 문장들은 삶이 휘청거릴 때 지지대의 역할을 해 주기도 하며, 때로는 어긋난 방향을 바로잡아 주기도 한다.

나는 사람을 떠올릴 때 그 사람의 문장을 함께 떠올리는 편이다. 그 사람의 문장이라는 건, 그 사람이 내게 건네었던 말을 뜻한다. 그래서 작은 외삼촌을 떠올리자면 밝지만은 않았던 어린 시절에 "어머니를 지켜 주기로 약속하자."는 문장이 떠오르고, 어머니를 떠올리면 "너를 괴롭히는 것들에는 딱 세 번까지만 참아라."는 문장이 떠오른다. 내가 기억하는 문장들은 이미 나의 가슴속에 깊숙이 자리 잡은 것들이다. 좋은 것도 있고, 눈살이 제법 찌푸려지는 것도 있다. 좋은 말만 듣고 세상을 살아갈 순 없는 법이니까.

때문에 나는 어른이라 생각하는 사람들과의 대화를 아주 좋아하는 편이다. 그분들과 이야기를 나누다 보면 세월 속에 녹아 나온 깊은 문장들이 절로 나의 가슴속에 각인된다. 그렇게 각인된 문장들은 오늘날까지도 나의 삶에 긍정적인 영향을 끼치고 있다.

출판사와의 미팅이 있어 서울로 올라간 적이 있었다. 처음에는 홀로 출판을 준비하고 있었지만, 어느 날 문득 출판사에서 뜻밖의 손을 건네 온 것이다. 미팅은 순조롭게 끝이 났고, 나는 곧바로 강남으로 향하는 버스에 몸을 실었다. 서울에 올라오면 꼭 보고 싶은 사람이 있었기 때문이었다. 사촌 형이었.
우리는 일 년에 두 번 있는 명절을 제외하면 딱히 얼굴을 맞댈 날이 없었다. 정확히는 기회조차 없었다. 거리도 거리였지만, 그만큼 서로가 바쁘게 지냈기에.

버스에 내리자마자 우리는 강남의 작은 칵테일 바로 향했다. 그곳에서 조금의 취기와 함께 제법 깊은 이야기를 마음의 우물에서 끌어 올리고 있었다. 이른바 '청춘'이라 불리는 나이에 맞게 이런저런 이야기를 파헤쳤다. 내용은 어떻게 살아가야 하는지가 주를 이뤘다.

당시에 나는 인간관계에 대해 무척 심란했던 시기였

다. 많은 방황을 거치며 떠날 사람들은 이미 나를 떠났었고, 무엇보다 내가 내게, 스스로 많은 실수를 저지르고 있었다.

그날 밤, 나는 형이 내게 건네주었던 문장을 똑똑히 기억한다. 그리고 여전히 되뇌며 살아가고 있다. 형을 떠올리면 이제는 그 문장이 함께 떠오른다. 나의 마음속 깊이 각인이 되었다는 뜻이다.

그날 밤, 형이 한 말을 그대로 옮겨 적었다.

"내가 이런 사람이라고 인정하고 단정 짓는 것이 아니라, 모든 사람을 폭넓게 받아들이고 수용하는 것이 진정 멋있는 삶이 아닐까?"

한계

여기까지라고 말하는 순간
자꾸만 뭔가에 걸려 넘어졌다.
언제부턴가 스스로 한발 물러나
한계를 만들어 가고 있던 것이다.

억지웃음

늦은 밤,
억지로 지어 보이는 웃음은
울음보다 못 할 때가 많았다.

회상

1
누군가의 짐을 덜어 주고자
용기 낸 행동이
때로는 짐에 무게만 더하기도 했다.
함께 살아간다는 건 내겐 언제나 어려운 일이었다.

2
아물지 않은 채로 버려진 것들은
어딘가에 정착해 흉터로 남겨지곤 했다.
그곳에선 아직도 흉터를 지우기 위한
수술이 진행되고 있음을 전해 들었을 때
나는 그들의 고통을 공감할 수 있었다.

3

어떤 것들은 물살을 타고
함께 흘러가 나를 떠나 버리기도 했으나
또 어떤 것들은 파도에 걸려 넘어지고는
다시 돌아오기도 했다.
나의 생은 그렇게 의아한 일들이
빈번히 발생하고 있었다.

4

어떤 이의 웃음소리가
서글픈 울음으로 들리기 시작했다.
묻지 않아도 발설하는 입 모양에
나는 그저 고개만 끄덕였다.

5

누군가에게 별것 아닌 일이
나에게는 별것이 되어 버렸을 때
다시금 겨울이 거듭됐고 눈보라가 내리쳤다.
나는 눈에 파묻힌 채 구조를 기다렸으나
어떤 이의 눈에도 들어가지 못했기에
스스로 이를 악물고 긴 겨울을 버텨 내야 했다.

6

절망이 지나간 자리에는
희망이 불어오고 있었다.
다만, 그 희망은 기회와 같은 것이라서
절망 속에서 준비된 자들의 몫이 되곤 했다.

마지막

이유는 없었다.
굳이 이유를 찾는다면
이유가 없는 게 이유였다.
그게 우리의 마지막이었다.

희망 ———————————

삶은 공평하지 않다는 걸 인정해야지.
그러니까, 나도 충분히
그 공평하지 않은 사람이 될 수 있다는 걸.

끝인사

우연히 마주친 눈동자 속에서 빛날 수 있어 고마웠습니다. 한철, 그 무엇보다 뜨겁게 타올랐음을 추억하고 가겠습니다. 더는 소리 내어 가리키지 않겠습니다. 우리의 방향은 이제 정해진 것 같으니.

4부

꽃만 피우길 바랐는데 꽃을 피우니 열매도 맺히더라. 그게 우리가 사는 삶이더라.

우리에게는 저마다
선명한 고유의 색이 있다 ―――――

어릴 적부터 어머니께서 해 오시던 말씀이 있다.

"사람을 두루두루 사귈 줄 알아야 한다."
"성격은 너무 내성적이어서는 안 된다."

나는 그 반대였지만, 한편으로는 모두 수긍하는 말이었다. 결국은 모두가 함께 어울리며 살아가야 하는 세상이니까. 모두 다 나 좋으라고 하신 말씀인 것도 알고 있었다. 그럼에도 나의 대답은 한결같았다.

"그건 사람마다 다를 수 있지 않을까요."

사람은 자라온 환경에 따라 저마다 성격을 다르게 갖추어 간다. 그렇기에 모든 사람은 성격이 다를 수밖에 없다. 또한 정말 잘 맞는다며 당당히 외칠 수 있는 관계일지라도 미세하게 파고들면 제법 다른 경우가 많다. 그렇다 보니 두루두루 사귀는 걸 좋아하는 사람도 있고, 몇몇 내 사람만 챙기는 걸 좋아하는 사람도 있다. 또 조금은 내성적일지라도 본인은 차라리 그게 편한 사람도 있다. 나의 경우가 그렇다.

나도 한때는 두루두루 사귀는 쪽으로 나를 변화시키고자 했던 적이 있었다. 그래서 나와 맞지 않는 사람들까지 맞추어 가며 연을 이어 갔던 적이 있었다. 아마 그 시기에는 초기에 별다른 문제가 없었으나, 시간이 흐를수록 많은 고민을 했던 것으로 기억한다. 두루두루 사귀는 것까지는 좋았으나 그것을 이어 가는 데는 그에 맞는 성격이 뒷받침되어야 했기 때문이었다. 나는 한참을 방황하다 결국에는 억지로 이어간 연들의 손을 놓았다.

성격을 극복하자는 것과는 다른 별개의 문제였다. 그렇게 바꾸어 가는 것은 온전한 나를 조금씩 잃어 가는 방향이었으니까. 그렇게 해서 온전한 행복이 찾아올 리 없을 것 같았으니까.

그 후로 시간이 한참이나 흘렀다. 어머니께서는 아직도 종종 그때처럼 말씀을 건네신다. 그에 대한 나의 대답도 여전히 한결같다.
나는 요즘 무척 행복하다. 소중한 내 사람들만 집중해서 챙길 수 있으니까. 이것이 나다운 것임을 이제는 안다. 내성적인 면이 있더라도 이제는 그런 내 모습을 더 아낀다. 분명 나름의 장점이 있다.

우리에게는 저마다 고유의 색이 있다. 세상에는 셀 수 없이 많은 사람이 존재하는 만큼, 다양한 색이 존재한다. 그 색들은 수치화할 수 없는 나름의 가치를 지니고 있다. 그렇기에 내 본연의 색을 잃어 가면서까지 어울릴 필요는 없지 않을까 한다. 그저 나와 조화로운 색을 아름답게 섞어내면 되는 게 아닐까 한다. 그것이 정녕 나답게 행복할 수 있다면 말이다.

명심해야 한다.
나는 나다울 때
가장 내가 될 수 있다는 걸.

서툴더라도, 반짝이게 살아갈 것.

시각의 차이

어떤 세상에서는 그저 얼룩에 불과한 것이
어떤 세상에서는 한 폭의 그림이 될 수도 있다.

미련을 부정하는 일

사랑한 것을 후회하는 날이 많았다. 고교 시절, 전부였던 사랑을 후회 없이 보냈다고 자부했던 순간이 진실에 의해 와르르 무너졌을 때. 한때 사랑을 속삭이던 그녀의 입에서 나온 문장들이 온통 거짓투성이란 걸 알아 버렸을 때. 애초에 사랑하지 않았더라면 하는 뒤늦은 후회가 밤을 집어삼킬 때. 그럼에도 그 사람을 그리워하고 있다는 바보 같은 나의 미련함을 알아 버렸을 때.

오랜 시간이 흘렀다. 첫사랑이라는 자리에 불쑥 들어와 전부를 약속했던 한 사람이 곁을 떠난 지가. 그녀는 더는 내게 맞추고 싶지 않다고 했고, 많은 날을 울었다 했다. 평생을 함께할 것이라 늘 다짐하고 그려 왔기에 나는 그런 그녀의 손을 끝까지 놓아주지 못했다. 그럼에도 그녀는 차갑게 돌아섰다. 더 슬픈 건 며칠이 지나지 않아 그녀에게 새로운 인연이 닿았다는 소식을 접해야만 했다는 것이다. 그 후로는 들려오는 끝없는 소식에 숱한 기억들을 부정하는 밤이 오랫동안 이어졌다.

사랑에 있어 이별은 언제든지 아플 수밖에 없다. 어떠한 일말의 예고도 없이 찾아온 것 같지만, 한편으로는 그렇지만도 않다. 작은 징조들이 여럿 나타나지만, 우리는 그것들을 미처 보지 못한다. 아니, 정확히는 봤음에도 알아채지 못한다. 어느 정도의 시간이 흐르고 나서야 등 뒤로 지나간 것이 아닌, 눈앞에서 지나갔음을 알게 된다. 그 후로는 지난 기억을 회상하는 일이 밥 먹듯 이어지게 된다.
그 시기의 어떤 밤에는 다시는 사랑을 하지 않겠다고 굳게 다짐하던 내가 있었다.

사랑한 것을 후회하는 날이 많았다.
그렇게 지난 미련을 부정하는 일은
때로,
하늘을 등지고서 해를 찾는 일과 같았다.

경력

속절없이 흐르는 시간 앞에
모든 것에는 끝이 존재했다.
그 끝에서는 종종 절망하는 사람들의
형체 없는 비명이 들려오곤 했는데
그들은 대개 순간에 충실하지 못했거나
사랑 앞에서 영원을 믿었던 경력이 있었다.

흔들리는 거짓

손을 맞잡고 바다로 들어가는데
자꾸만 당신이 파도에 걸려 넘어지는 거야.
잔잔한 파도임에도 불구하고 두렵다는 거지.
한참을 생각해 봤는데
그곳에서 흔들리지 않았던 건
오로지 진실뿐이었던 거지.

조각

산산이 조각나도 좋았다.
너의 일부가 될 수 있더라면.

일회용

며칠 전, 어머니께서 여행을 다녀오시더니 뭔가를 잔뜩 갖고 돌아오셨다. 정체 모를 검은 봉지를 처음 마주했을 때 나는 그 안에 먹을 게 있지 않을까 하는 내심 기대도 했었지만, 나의 기대는 완전히 빗나갔다. 봉지 안은 음식이 아닌 칫솔로 가득했다. 그냥 칫솔도 아닌 형형색색의 일회용 칫솔들로.

무슨 칫솔을 이리도 많이 가져오셨냐는 당황 섞인 나의 물음에 숙박한 곳에서 한 움큼 내어 줬다고 하셨다. 그리고는 칫솔은 자주 바꿔 줘야 한다며 그것들을 내 손에 그대로 쥐여 주셨다. 기숙사에 갈 때 꼭 잊지 말고 챙겨 가라는 말씀과 함께.

나의 직장은 내가 살아온 대구가 아닌 타지에 있다. 그렇기에 일요일의 끄트머리에 있던 나는 다음날 출근을 위해 서둘러 집을 나서야 했다. 가까운 거리가 아니다 보니 매주 일요일 저녁이면 그곳으로 향하는 버스에 오르는 게 이제는 일상이 되었다.

타지로 향하는 과정은 다음과 같다. 집에서 출발해 5분 거리에 있는 1호선 상인역으로 향한다. 그리고 안심행 지하철을 타고서 동대구역에 이르면, 짐이 가득해 무거운 캐리어와 주말이 끝나 버렸다는 복잡한 감정을 추스르고서야 겨우 내린다. 그리고 그곳에서 다시 터미널로 걸음을 옮긴 뒤, 영주로 향하는 버스에 몸을 싣는다. 사실상 넉넉히 50분을 잡고 출발해도 큰 문제는 없겠지만, 굳이 1시간 전 출발을 고집하는 편이다. 일찍 도착하면 기다리면 되겠으나, 만약 놓쳐 버린다면 어쩔 방도가 없기 때문이다. 지난 경험으로 비추어 볼 때 떠난 버스는 뒤를 돌아보지 않는 법이니까.

늦지 않게 도착해 좌석에 앉을 무렵이었다. 문득 한 가지 물음이 머릿속에 맴돌았다.

'이 칫솔들은 과연 언제쯤 다 쓰게 될까?'

생각해 보면 나는 일회용을 일회용 이상으로 사용할 때가 많았다. 편의점에서 파는 일회용 면도기를 한 달 이상 사용한 적도 있었고, 마찬가지로 여행용 일회용 칫솔 세트를 사용 후 깨끗이 보관해 두었다가 다음 여행 때 그대로 사용하기도 했다. 그 칫솔 세트는 아직도 나의 서랍 한편에 잘 보관되어 있다. 다음 여행에도 충분히 사용할 수 있으니까.

반면, 다른 면으로도 생각해 본다. 단순히 일회용이라 생각하고 무심코 버린 게 있었는지. 충분히 더 사용할 수 있었겠으나, 일회용이라는 단정하에 쓰레기통으로 향한 게 있진 않았는지. 한참을 곰곰이 생각할 무렵, 버스는 도로 위를 달리기 시작했다. 적막한 어둠이 깔린 주위의 풍경을 비스듬히 바라보며, 나의 생각은 점점 깊게 이어졌다.
과거를 돌아보기 시작했다. 누군가의 진실한 마음을 일회용이라 단정 짓고 무심코 지나친 적은 없었는지.

괜찮다, 괜찮을 거야

살면서 종종 절망적인 순간이 치닫을 때가 있었다. 그럴 때마다 주위에서는 내게 "괜찮다.", "괜찮을 거야."라는 짤막한 위로의 문장을 건네주었다. 그 흔한 위로가 어떤 날에는 큰 힘이 될 수도, 더 나아가서는 나를 일으켜 세울 수도 있었겠으나, 때로 나는 그런 말들을 조심하고 살았다.

그것들은 대개 뿌리가 깊지 않아서, 잠시 잠깐은 나를 일으켜 세울지 몰라도, 폭풍이 다시금 휘몰아칠 때면 속절없이 무너져 버렸기 때문이었다. 그래서 제법 무거운 시련이 찾아오는 날에는 단순히 괜찮을 거라 맹신하기보다는 그 바닥에서 한참을 넘어지고 또 넘어졌다.

특히나 아픔이 깊게 스며든 상태에서는 어떠한 형태의 위로도 마음에 머물기가 어려웠다. 정말 힘든 상황에서는 애초에 타인의 말이 귀에 들어오지 않았다. 스스로 묵묵히 감당해 내야만 했던 것이다.

돌이켜 보면 타인을 통해 이겨 낸 것들은 다시금 반복될 때 또다시 타인에게 손을 내밀어야 일어설 수 있는 경우가 많았다. 하지만, 스스로 이겨 낸 것들은 언제든지 다시 스스로 일어설 수 있었다. 이겨 냄과 동시에 언제라도 다시 비집고 일어설 발판을 마련한 것이다.

우리는 아플 때 적당히 아플 줄 알아야 한다. 넘어질 때는 최대한 많이 넘어져 봐야 한다. 그래야 다음에 덜 아프고, 덜 넘어질 수 있다. 삶에서 시련은 계절처럼 자꾸만 돌고 도는 것이다. 피할 수 없는 것들에는 때로는 내가 강해지는 것만이 답이 되기도 한다.

넘어짐

넘어져도 된다.
넘어져야만 지나칠 수 있는 곳이 있다.
울어도 된다. 그만큼 아픈 게 맞다.
마음껏 넘어지고, 또 마음껏 울자.
어차피 우리가 지나야 할 길이니까.
확실한 건, 아직 그 길을 지나지 않은 사람보다
우리는 넘어질 횟수가 줄어들었다는 것이다.
그리고 깊은 깨달음을 얻고 지나왔다는 것이다.

나아감

길을 잠시 헤맨다고 해서 나아감에 있어
조금의 망설임도 구애받지 않기를.
방황 끝에 얻은 가치관이 뚜렷하듯이
뚜렷한 길을 향해 나아가는 하나의 과정일 테니.

경계를 허물다

웃음과 울음을 구분 짓지 말자고.
모두 같은 얼굴에서 일어나는 현상이니까.
알고 보면 우리가 구분 지은 감정의 경계일 뿐이지.
지금부터는 그 경계를 조금씩 허물자고.
조금만 더 높이 서서 바라보는 습관을 들이자고.
그러니까, 내 말은
지금 마음껏 울고 웃어도 괜찮다는 거야.
지금 말이야. 지금.

틀린 게 아닌, 다른 것임을

나는 성인이 되자마자 곧바로 정든 고향을 떠나야 했다. 집안 상황이 여유롭지 못했던 탓도 있었고, 대학보다는 일을 먼저 경험해 보고 싶었기 때문이었다.

익숙한 곳을 떠나 낯선 곳에서 낯선 사람들과 함께 지낸다는 건, 사회에 첫 발을 내딛었던 내게는 결코 쉬운 일이 아니었다. 특히 입사 초기에는 여러 안 좋은 일이 겹치는 바람에 방황으로 숱한 밤을 지새웠던 기억이 있다.

안 좋은 일은 꼭 한꺼번에 몰려와 사람을 무너지게 만든다. 그리고 칠흑 같이 어두운 상황 속에서 한 줄기의 빛을 찾을 때까지 수없이 많은 시련을 선물한다. 그 시련을 이겨 내면 수많은 깨달음을 얻겠으나, 그 과정은 결코 순탄치만 않다.

무엇보다도 참 낯설었던 건 사람이었다. 일은 노력한 만큼 노련해질 수 있었지만, 몇몇 사람들만큼은 그렇지 않았다. 노력해 보아도 다가가기에 여전히 힘든 사람들이 있었다. 나의 가치관을 바꾸려 드는 사람들이었다. 그런 사람들의 문장은 대개 "나 때는 말이야"로 시작해 물음표보다는 마침표로 끝이 났다. 조금이라도 다른 시각을 제시하면 그건 잘못된 생각이라며 단정 짓는 상황이 이어졌다. 애초에 다름을 인정할 줄 모르는 것까지는 이해할 수 있었으나, 그것만이 정답이라며 내게 조언을 넘어선 강요를 시작한 때부터는 무척 곤란했던 기억이 있다.

물론, 입사 초기 때의 일이기에 지금은 나름의 요령대로 흘릴 부분은 흘려보내고, 배울 건 가슴에 담아내고 있다. 분명한 건, 피하고 싶은 사람도 있지만 좋은 사람이 여전히 더 많다는 것이다.

최근의 일이다. 오전 회의 시간이었다. 회의는 업무 내용이 끝나면 주로 사소한 일상 이야기가 짧게 이어졌다. 나는 그런 사소한 이야기에 귀를 더 기울이는 편이다. 연령으로 따지자면 아버지뻘의 연령대가 주를 이뤘기에 주워 담을 이야기가 무척 많기 때문이다.
한참 이야기가 오고 갈 때였다. 모 과장님께서 옆에 앉아 있는 동료 사원에게 물음을 건네셨다.

"넌 젓가락질을 어떻게 해?"

뜬금없는 질문이었지만, 동료 사원은 침착하게 테이블 위에 있던 볼펜 두 자루를 집어 들고서 젓가락질을 시늉했다. 그때 과장님께서 말씀하셨다.

"너도 잘못됐네. 요즘 젊은 애들이 다 이렇다니까요."

그때였다. 한가운데서 모든 상황을 묵묵히 지켜보시던 부장님께서 옅은 미소와 함께 한마디를 보탰다.

"다른 거죠. 잘못된 게 아니라."

색의 조화

우리는 저마다 고유의 색을 갖고 살아간다.
굳이 나누자면 비슷한 색을 가진 사람과 상반되는 색을 가진 사람이 있는데, 아이러니하게도, 몇몇의 사람들은 자신의 색만 옳다고 강조하며 색을 아름답게 섞어낼 줄 모르는 경우가 많았다.

낭만

낭만은 그리 멀리 있지 않다는 것을 기억할 것.
시선만 달리한다면,
지금 이 순간에도 실현 가능하단 것을 잊지 말 것.

익숙하지만, 한편으로는 낯선

몇 해 전의 일이다. 나는 이름 모를 낯선 골목을 홀로 거닐고 있었다. 골목의 끄트머리에는 오랜 세월을 가늠케 하는 작고 허름한 책방이 하나 있었다. 사소한 호기심에 이끌려 책방에 들어서자 새삼스레 나의 기분을 사로잡은 게 하나 있었다. 바로 헌책 냄새였다. 책방에는 오래된 헌책 냄새가 한가득 퍼져 있었다.

인쇄한 지 얼마 되지 않아 보이는 책도 여럿 있었지만, 오래된 책도 많아 보였다. 먼지가 소복이 쌓여 있는 책도 있었고, 어림잡아 20년 이상의 세월을 가늠케 하는 알 수 없는 한자가 가득 적혀 있는 책도 있었다. 나는 그것들을 하나씩 집어 들고서 조심스레 코에 갖다 대 보았다. 책만 보면 냄새부터 맡아 보는 버릇이 있기 때문이다. 특히, 헌책에서 나는 특유의 종이 냄새를 무척 좋아했다.

책에서는 여느 헌책에서나 맡아 볼 수 있는 냄새가 났다. 맡으면 맡을수록 마음 한 구석이 편안해지는 냄새가. 그렇게 한참의 시간이 지나, 나와 같은 사람이 제법 있던 것인지, 주인 할아버지께서는 옅은 미소를 지으시며 내게 말을 건네셨다.

"냄새가 참 포근하지? 요즘 나오는 책에서는 맡을 수 없는 냄새야. 세월이 뿌려진 냄새지."

집으로 돌아온 그날 밤, 나는 안방에 있는 책장을 유심히 들여다봤다. 맨 아래쯤에는 아버지께서 공부하셨다던 중국어 서적이 여럿 있었고, 아직 펼쳐 보지도 않은 책도 제법 있었다.
책방에서처럼 나는 그것들을 코앞으로 가져와 냄새를 맡아 보았다. 여전히 포근한 냄새가 흐뭇하게 맴돌았다. 그렇게 한참을 맡고서 다시 꽂아 두려는 찰나, 바로 옆에 있는 조금은 덜 허름해 보이는 책 한 권이 눈에 들었다.
삐뚤삐뚤한 글씨체로 이름 석 자가 적혀 있는 것으로 봐서는 교복을 입던 시절의 교과서가 틀림없었다. 나는 그것을 가져와 냄새를 맡아 보았다.

그리 오랜 세월이 지나진 않았지만, 그것에서도 나름의 낡은 냄새가 났다. 한때는 익숙했지만, 이제는 제법 낯설어진 지난 시절의 냄새였다. 그 냄새에는 어김없이 한철의 우리가 뿌려져 있었다.

어긋난 타이밍

가장 부족할 때 네가 있었고
가장 완벽할 때 네가 없었다.

감정 ———————————

마음에 자꾸만 빗물이 고였다.
녹슬어 가는 건 어쩌면 당연한 일이었다.

재회

헤어진 연인과의 재회라면 절로 고개를 젓는 사람들이 있다. 그런 사람들은 대개 한 번쯤 아픔을 겪어 본 사람들이 아닐까 한다. 조금이라도 변했을 거라는 믿음으로 녹슨 감정을 붙잡고서 재회를 이뤄 본. 그러나 다시금 같은 이유로 헤어짐을 반복하게 되었고, 더는 부질없다는 것을 깨달은 경우가 대부분이지 않을까 한다.

어디선가 얼핏 주워들은 말이 있다. 헤어진 연인이 다시 만나서 잘 될 확률은 한 자릿수라고. 사실인지 허위인지는 모르겠으나 그 말은 즉, 대다수의 연인이 같은 이유로 다시 헤어진다는 것을 의미할 것이다.

나의 경우에도 그랬다. 한때 미련이 많이 남았던 사람을 1년 동안 혼자 끙끙 앓다 다시 재회할 기회가 있었다. 우리는 맞지 않는다는 이유로 이별을 택했고, 이제는 바뀌었다는 핑계로 다시 손을 맞잡았다. 그리고 머지않아 조금의 시간이 흐르고서 맞지 않는다는 이유로 다시 헤어짐을 반복했다. 서로에게 다시금 똑같은 이유를 내뱉은 것이다.

그때 깨달은 것이 하나 있다. 사람은 좀처럼 쉽게 변하지 않는다는 것을. 결국은 그녀도 변하지 않았고, 나도 변하지 않았다. 그 후로 나는 재회라는 단어를 들으면 조금은 깊은 생각에 빠진다.

아마 그 한 자릿수의 확률에 든다는 건 두 가지의 경우가 아닐까 한다. 이별 후에 정말로 변했거나, 이제는 변하지 않은 모습까지 감당하며 사랑할 정도가 되었거나.

작은 불씨

종종 예고 없이 불어오는 바람에
소멸 직전의 미련을 다시 지피는 경우가 있다.
그럴 때면 늘 바람에 힘입어
다시 활활 타오를 것이라 예상하곤 했는데
대부분은 그냥 꺼져 버리기 일쑤였다.

미련

구멍 난 마음에
감정을 쏟아붓는 것만큼
부질없는 일은 없겠지.

그래도 한번 부어 본 거야.
곁에 조금이라도 스며들까 싶어서.

온기

억지로 맞잡은 손에
온기가 오래 머물 리 없었다.

여태 잘해 왔고, 지금도 잘하고 있다는 것

'문득'이라는 말을 참 좋아한다. 평소에는 쑥스러워 담지 못한 말을 아무렇지 않게 꺼내 준다. 이를테면 문득 누군가가 떠올랐다거나, 문득 누군가의 시선이 궁금해졌다거나. 더 나아가 문득 그 누군가를 알고 싶어졌다거나, 문득 사랑에 빠지고 싶어졌다거나. 가만 보면 '문득'이란 말은 '그냥'이라는 말과도 제법 닮아 있다. 굳이 선명한 이유를 수반하지 않게 해 준다.

문득 떠오르는 것들은 대개 마음속에 스며든 것들이다. 어떤 것들은 행복이라는 형태로 남아 있을 테고, 또 어떤 것들은 여전히 아픔이라는 형태로 남겨졌을 것이다. 그래도 떠오르는 것들의 대부분은 사랑으로부터 올 때가 많다. 이미 나의 마음 깊숙이 들어온 것들이니까. 지금 사랑하고 있거나, 아니면 한때 사랑했던 것들이 대부분이 아닐까 한다.

문득 떠오르는 것만큼 소중한 게 또 있을까 싶다. 퇴

근 후 적막한 공기를 껴안고 집으로 향하는 길에 문득 누군가가 떠올라 괜히 웃음 짓게 된다거나, 침대 위에 누워 눈을 감으면 문득 그리운 누군가가 아련히 생각난다거나.

사랑에도 이유가 없듯이, 그것들이 떠오르는 데에도 딱히 이유는 없을 것이다. 분명한 건, 생각나고 그리운 사람이 있다는 건 그만큼 잘 살아왔고, 또 잘 살고 있다는 뜻이란 거다. 이 밤, 누군가를 간절히 그리워하고 있다면 과거에 그만큼 사랑을 했다는 뜻이고, 생각만으로도 절로 웃음 짓게 하는 사람이 있다면 지금도 충분히 잘 사랑하고 있다는 뜻이다. 그만큼 당신은 과거에 잘해 왔고, 또 지금도 충분히 잘하고 있다는 말이다.

그런 당신의 '문득'이 되고 싶은 밤이다.

인연

인연이란 건
참 아이러니하게도
우연을 가장한 운명과 같아서
지난날의 공백이 무색하게
어느 날 불쑥 찾아오는 법이다.

그러니 마음의 문은 항상
닫지 말고, 열어 둘 것.

오래된 편지

온갖 잡동사니들이 모여 있는 서랍이 저마다 하나쯤은 있을 것이다. 나의 경우에도 그렇다. 아마 초등학생 때부터가 아닐까 싶다. 온갖 물품들이 그곳으로 향하기 시작했던 때가.
그곳에는 버리고 싶지만 차마 버리지는 못 해서 간직해 버린 것들이 많다. 어릴 적에 사용하던 사인펜과 크레파스는 추억이 깃들어 있다는 이유로 버리지 못해 그곳으로 향했고, 한때 사랑했던 사람으로부터 받았던 몇 개의 편지들도 결국 비슷한 이유로 그곳으로 향했다.

하루는 오랜만에 대청소를 할 때였다. 나는 모든 서랍을 열어 필요 없는 물품들을 하나씩 정리하고 있었다. 그중에는 이제는 제법 낡아 버린 사인펜과 크레파스가 여전히 있었고, 중학교 때 사용했던 해진 교과서도 있었다. 마찬가지로 편지도 있었다. 무슨 이유에서인지 편지는 전혀 낡지 않은 상태였지만 말이다.

나는 버릴 물건들을 차곡차곡 쓰레기봉투에 담아냈다. 그러던 중에 익숙한 무언가를 손에 쥐고서는 잠깐 멈칫했다. 빨간색 편지지도 있었고, 파란색 편지지도 있었다. 당시에 나는 조금의 여지도 없이 빨간색 편지지로 자연스레 손이 갔다.

풋풋했던 지난날의 진심이 빼곡히 펼쳐졌다. 그 후로는 누구를 만나도 다시는 느껴보지 못했던 순백의 감정들이 수두룩하게 녹아 있었다. 묘한 감정을 붙잡고 몇 번을 곱씹어 읽어 내리다 차마 버리지는 못하겠어 다시 서랍에 넣어 뒀던 기억이 있다.

살다 보면 특정한 시기에만 할 수 있는 사랑이 있다. 그런 사랑은 그 시기가 지나면 다시는 경험할 수 없는 감정을 선물한다. 그래서인지, 오랜 시간이 지났음에도 여전히 강한 그리움을 잔류시킨다.

그 시절의 우리를 떠올리는 밤이다.

운명

그래, 우리가 진정 운명이라면
지금은 다른 버스에 오르더라도
결국에는 같은 정류장에 내리겠지.

간절함

모든 행동은 간절함의 수치에 따라 달라진다.
사랑과 관계에 있어서도 그 수치에 따라
행동과 언어가 달라지기도 하며
꿈을 좇는 우리들의 모습 또한 마찬가지일 것이다.
그렇다면 당신은 내가 간절하지 않았다는 뜻이겠지.

잊는 방법

잊어야지 하는 순간
그 대상은 뇌리를 스쳐 가 다시 상기된다.
진정 잊는다는 것은
잊어야지 하는 생각부터 잊는 것이다.

영영 수신되지 않을 편지

글을 쓰고부터 편지를 보내는 일이 잦아졌다. 물론 여기서 말하는 편지란 실제 편지가 아닌 마음속에서 보내어지는 편지를 뜻한다. 그러니까 영영 수신되지 않을 편지다. 그런 편지의 대부분은 나의 곁을 떠난 사람들에게 보내어지곤 했다.

어릴 적에 가족 중 한 명을 사고로 잃었다. 그 나이에는 감당하기 너무 벅찬 일이었다. 친구들과 놀이터에서 놀다 돌아왔을 무렵, 큰방에 계시던 어머니의 눈에서는 비가 내리고 있었고, 작은 방에 있던 누나는 아무런 말없이 벽만 쳐다보고 있었다. 그때 나는 무슨 일이 생겼다는 것만 대충 눈치챌 수 있었지, 누군가의 죽음을 예상치는 못 했다. 정확히는 그런 생각조차 감히 할 수 없던 나이였다.

왜 우냐는 나의 물음에 어머니와 누나는 말을 아꼈고 그렇게 아낀 말은 다음날까지 이어졌다, 다음날 나는 검은 옷을 입은 사람들이 가득한 어느 지하에 들어서고야 알 수 있었다. 그곳에는 친척들이 모두 모여 있었고, 모두 울고 있었다. 그리고 어느 방 안에서 훤히 웃고 있는 아버지의 사진을 보고서야 나는 생에 처음으로 가장 서러운 비를 쏟아 냈다. 엎친 데 덮친 격으로 연이은 사업 실패에 집안이 기울어져 가던 상황이었던지라, 또래의 친구들보다 제법 쉽지만 않은 시절을 보내야 했다.

그와 함께한 시절은 그리 길진 않았지만, 돌이켜 보면 떠오르는 장면이 적지 않다. 특히 어릴 적 우리 가족은 계곡으로 자주 떠났다. 그곳에서 누나와 나는 물놀이보다는 낚시를 더 즐겨했던 기억이 있다. 마지막으로 텐트를 싣고 계곡으로 향하던 날, 우리는 길을 막아선 공사 안내 표지판에 더는 들어서지 못했다. 그리고 머지않아 더는 그리로 향할 수 없게 되었다.

한편으로는 그를 원망하던 순간도 적지 않았다. 오랜 시간이 흐르고서야 어른에 조금 다가간 지금으로서는 이해할 수 있는 것들이 많아졌지만, 여전히 용서할 수 없는 장면이 하나 있다. 그 장면에는 어머니가 울고 계셨다. 어쩌면 어머니도 같은 원망을 하고 계실지 모르겠다. 어머니는 아버지를 용서하셨을지

몰라도, 나는 여태 그러질 못했다. 그만큼 많이 원망하고, 많이 아파하는 날이 많았다.

오랜 시간이 흘렀다. 바닥에 머물던 집안 사정은 여전히 좋지만은 않지만 나름대로 많은 것들이 바뀌었다. 누나도 나도 어머니도 요즘에는 우는 날보다는 웃는 날이 더 많아졌다. 쉽지만은 않았던 시절을 힘겹게 보냈던지라, 세상 앞에 조금은 더 강인해진 것 같은 요즘이다.

스물의 끄트머리에 있던 그날 밤, 나는 가장 그리운 존재에게 편지를 보내기로 했다. 편지의 끄트머리에는 "이제는 당신을 용서하고 싶다."는 문장과 함께 "간절히 보고 싶다."는 수분 가득한 설움이 새겨져 있었다.

산다는 게

산다는 게 그렇더라.
마음대로 되는 것 하나 없고,
싫다고 사라지는 것도 없더라.
웃음 짓는 날이 찾아오면
어김없이 비를 쏟는 날이 찾아와 버리고,
따스한 봄이 왔다 싶으면
또 어느새 시린 겨울이 찾아오더라.

그런데 그런 눈보라 속에서도
그 자리를 여전히 지키는 사람들은 있더라.
계절처럼 돌고 도는 것이 삶이라며,
시린 겨울이 지나면
곧이어 따스한 봄이 다시금 찾아올 것이라며.
결국은 모두가 아프다 행복하고,
행복하다 아픈 것을 반복하는 게 우리의 삶이라며.

그 자리를 지키는 여전한 사람들은 있더라.

한 가장의 죽음

한발 내디뎠을 뿐인데
노을이 지고 있었다.
지는 노을은 말이 없었고
남겨진 것들은 물음이 많았으나
침묵한 채로 고개를 숙였다.

*

당신 없는 세상에서
남겨진 존재들은 무엇보다도 강해져야만 했습니다.
무표정으로 울어야 할 때도 있었으며
울다 못 해 허탈하게 웃어 보기도 했지요.

다른 이들이 당신과 같은 존재에게 기댈 때
나는 나에게 스스로 기대야만 했습니다.
그렇기에 더 강해질 수 있었을까요.
어쩌면, 유난히도 생각이 많은 오늘날의 습관은
그 때문인지도 모르겠습니다.

그곳은 안녕한가요.
여기는 이제 조금 살만합니다.
시간은 속절없이 흐르는 것이니 나도 언젠가는
그 세계로 훌쩍 떠나 버리는 날이 오겠네요.
그때 마주한 눈빛이 그동안의 모든 것을
설명해 주리라 믿습니다.
그때까지 부디 안녕해 주세요.

지난 사랑

운명이 비겁해질 즈음
우리는 서로를 탓했고.
부재가 지나간 자리에는
더는 꽃이 피어나질 않았다.
감정마저 시들어 가는 그 계절에서
사랑은 더는 봄이 아니었다.

*

어느덧 날씨가 제법 쌀쌀해지고 있습니다.
곧 있으면 우리의 처음이자 마지막이었던 계절이 오네요. 가진 거라곤 자꾸만 앞서는 마음과 흔들리지 않는 진심, 이 두 가지로 세상의 모든 것을 손에 쥐어 본 시절이었지요. 아마 그 시절의 나는 그것들을 내 손에만 쥐어볼 줄 알았지, 당신의 손에 건네주는 방법을 몰랐던 건지도 모르겠습니다. 당신을 만난 이후로, 아니 정확히는 이별한 이후로, 나는 너무나 많은 것이 바뀌었어요. 받을 줄만 알던 사람이 주는 방법을 배웠다는 것은 어쩌면 사람이 바뀌었다고도 말할 수 있겠습니다.

지난날의 "잘 지내"라는 한마디에 우리의 계절은 모두 산산이 조각나 버렸습니다. 그러나 나는 아직도 밤이 찾아오면 그 조각들을 꺼내어 퍼즐을 맞추듯 이곳저곳에 끼워 맞춰 본답니다. 그냥 고이 묻어 두기엔 너무나 풋풋하고 소중해서 말이지요. 당신도 가끔은 그랬으면 하는 바람입니다. 모쪼록, 우리 모두 잘 지내거나, 잘 아파했으면 좋겠습니다. 당신 없는 나도, 내가 없는 당신도.

잃어버린 기억

나는 당신을 지긋이 바라봤고
당신은 나를 힐끔 쳐다봤다.
내가 기억하는 당신은 현재의 모습이었으나
당신이 기억하는 나는 과거의 모습이었기에
나는 당신에게 더는 내가 될 수 없었다.

*

당신이 나를 알아보지 못했을 때
그저 꿈이길 바랐습니다.
혹은 내가 죽어 버려 허상의 세계를
경험하고 있는 것이라 믿고 싶었지요.

그 시절의 철없던 꼬맹이가 뭐 그리 잘한 게 있다고 아낌없이 예뻐해 주셨는지요. 그 아이는 눈을 감으시는 순간에 손조차 잡아드리지 못했는데. 할 줄 아는 거라곤 방 안에서 홀로 비를 쏟아 내리는 것뿐이었는데.

아직도 그 옅은 웃음이 잊히질 않습니다.
당신은 떠나는 순간에
나를 기억하지 못하셨을지 모르겠지만
나는 여전히 당신을 기억하고 또 기억할 것입니다.
어쩌면 우리 인간이 영원할 수 있는 곳은
누군가의 기억 속뿐일지도 모르겠네요.
그게 사실이라면,
그 누군가가 제가 되어 참 다행입니다.
이제는 지난 걱정들 다 내려놓으시고 편히 쉬어 주세요.
그 언젠가, 그때의 표정으로 인사드리러 가겠습니다.

7월의 어느 밤바다에서

가끔, 아주 가끔
누군가의 부재를 인정함으로써
나는 새롭게 태어나기도 했다.

다음 인연

떠나는 인연을 더는 움켜잡지 않기로 했다.
계절의 끝에서 다음 계절을 준비하듯이
자연스레 다가올 다음 인연에 집중하기로 했다.

마침표 ───────────────

예고 없이 왈칵 쏟아지는 눈물에
새벽의 그림자는 출처를 추궁하기 바빴습니다.

그렇게 다다른 곳은 다름 아닌 지난 계절.
수많은 물음표가 즐비한 채로 멈춰 버린 이곳엔
아직도 선명한 누군가의 흔적이 남아 있습니다.

지난 기억과 변함없는 풋풋한 풍경.
코끝에 미미하게 스며드는 복숭아 향.
허전함이 맴도는 왼편 자리.
비뚤한 글씨체로 적혀 있는 편지 종이.

틀림없는 우리의 계절입니다.

혹여나 오래 머무르고 싶을까
달을 밀어내는 빛이 보입니다.

이제는 지난 계절의 물음표에
미뤄 놨던 마침표를 놓아야할 시간입니다.

사랑이라 칭했던 모든 순간이
이 밤, 부디 안녕하기를 바랍니다.

후회한다는 건
그만큼 성장했다는 뜻이라고 ─────

지난해의 끝자락에 대한 기억이다. 돌이켜 보면 매년 항상 같은 투정을 부렸던 것 같다. 아직 제대로 이뤄 낸 것도 없는데 시간은 왜 이렇게 빨리 흘렀냐며, 뭘 했다고 벌써 한 살을 더 먹었냐며 한숨을 내쉬기 일쑤였다.

반면, 그러면서도 다행인 게 있다면 지난해의 내가 마냥 실망스럽진 않다는 것이다. 정확히는 좋은 방향으로 꾸준히 흘러가고 있다.
가장 대표적인 게 있다면 이제는 '어떻게 후회해야 할지 안다는 것'이다. 돌이켜 보면 나는 재작년까지만 해도 후회 속에서 하루를 살아가는 날이 많았다. 만족스럽지 못한 어제에 대해 아쉬움을 머금는 게 일상이었을 정도로 과거로부터 벗어나지 못했다.
특히 '조금만 더'라는 말을 놓지 못했다. 무엇이든 조금 더 나의 곁에 머물게 하고 싶었고, 그것들 앞에서 조금 더 완벽해지고 싶었다. 그래야 내일의 나에게 떳떳하게 고개를 들 수 있을 것만 같았다. 그러다 보니 모든 일은 자연스레 후회와 아쉬움으로 이어질 수밖에 없었다.

그러나 작년의 나는 제법 달랐다. 후회할 것은 따끔하게 후회하고 깔끔하게 돌아서고 있다. 그 속에서 주울 수 있는 깨달음만 충분히 얻고 앞으로 곧게 나아가고 있다. 그 배경은 간단하다. 이제는 믿을 수 있기 때문이다. 그때가 나름의 최선이었다고.

누구나 그렇다. 지나온 과거를 돌아본다면 미련이 곳곳에 도사리고 있을 수밖에 없다. 후회의 본질을 깊게 들여다본다면, 그것은 과거보다 성장한 현재의 시점에서 부족했던 과거를 바라보는 일이기에 어찌 보면 당연히 할 수밖에 없기 때문이다. 그렇기에 우리는 날마다 후회 속에 살아가고 있다고 해도 과언이 아닐 것이다. 그러니 충실했다고 생각한다면 그것으로 만족할 수 있어야 한다. 그것만이 최선이었음을 인정할 줄 알아야 한다.

후회란 건, 어쩌면 오늘의 내가
그만큼 성장했다는 '증거' 일지도 모른다.

너에게 전하는 밤

초판 1쇄 발행 2018년 01월 25일
초판 2쇄 발행 2018년 03월 10일

지은이 채민성
펴낸이 안종남

펴낸 곳 지식인하우스
출판등록 2011년 3월 31일 제 2011-000058호
주소 121-904 서울시 마포구 월드컵북로400(상암동) 문화콘텐츠센터 5층 5호
전화 02) 6082-1070
팩스 02) 6082-1035
전자우편 jsinbook@naver.com
블로그 blog.naver.com/jsinbook

ISBN 979-11-85959-49-8 03810

* 이 책은 저작권법에 따라 보호받는 저작물이므로 무단전재와 무단복제를 금합니다.
* 파손된 책은 구입하신 서점에서 교환해 드립니다.
* 책 값은 뒤 표지에 있습니다.